教育创新

深度成长的模式

Education Innovation

A Model for Deep Growth

窦尔翔　李咏梅　李昶 / 著

知识产权出版社
全国百佳图书出版单位

图书在版编目（CIP）数据

教育创新：深度成长的模式/窦尔翔，李咏梅，李昶著. —北京：知识产权出版社，2018.8（2019.1 重印）

ISBN 978 - 7 - 5130 - 5661 - 8

Ⅰ. ①教… Ⅱ. ①窦… ②李… ③李… Ⅲ. ①教育模式—研究 Ⅳ. ①G40

中国版本图书馆 CIP 数据核字（2018）第 146570 号

责任编辑：荆成恭　　**责任校对：**王　岩

封面设计：刘　伟　　**责任印制：**孙婷婷

教育创新：深度成长的模式

Education Innovation：A Model for Deep Growth

窦尔翔　李咏梅　李　昶　著

出版发行：知识产权出版社有限责任公司　　**网　　址：**http://www.ipph.cn

社　　址：北京市海淀区气象路 50 号院　　**邮　　编：**100081

责编电话：010 - 82000860 转 8341　　**责编邮箱：**jcggxj219@163.com

发行电话：010 - 82000860 转 8101/8102　　**发行传真：**010 - 82000893/82005070/82000270

印　　刷：北京虎彩文化传播有限公司　　**经　　销：**各大网上书店、新华书店及相关专业书店

开　　本：720mm × 1000mm　1/16　　**印　　张：**12.5

版　　次：2018 年 8 月第 1 版　　**印　　次：**2019 年 1 月第 2 次印刷

字　　数：190 千字　　**定　　价：**49.00 元

ISBN 978 - 7 - 5130 - 5661 - 8

目　录

第1篇　教育即是成长

1.1　反转教育论，回归成长论

“O+O”模式的本质是教育变革的自然技术模式，它是促使教育决策回归教育需求方的自然技术手段，而基于教育需求方的分成制金融制度才是促使这种回归的制度技术手段，并进一步认为教育金融制度技术是自然技术的定性因素，因而给出了三点倡议：一是教育理论要向成长理论反转；二是要建立自然人金融研究平台；三是要重视教育、信息技术、金融技术融合的“TEF”（T代表信息技术，E代表教育，F代表金融）模式。此倡议充分地显示了教育的理想目标、定性促动手段、典型实现模式。

教育理论重点强调如何办学、如何管理、如何教学；成长理论重点强调如何发掘学生的兴趣、潜能，如何让学生在市场上得到认可。教育理论是计划体制、稀缺时代、卖方市场、封闭型教育市场的时代产物；成长理论则是市场体制、充裕时代、买方市场、开放型教育市场的时代产物。条件变了，时代变了，机制就应当变化，不然就会被趋势淘汰，被应变者轻易打败。

百慕大的糖木木朋友曾问：“什么叫‘教育绿色化’？‘教育绿色化’

的宗旨是什么？它与传统教育的区别在哪儿？为什么提出这个词汇？经过绿色教育培育出的人才，有什么明显的不同特征?”这些问题提得好，说明这位朋友对教育已经悟得比较深了。正如上文所言，大多数人都在强调教育理论，这会诱导人们不把教育的出发点和重点放在学生身上，导致了相应的教育机制出现了不能令人满意的结果。

之前大家都抱怨教育未能有效地以学生为中心，然而纵使大家再怎么强调，作为学生交易对手的学校也难以做到，大家都感到迷茫和困惑。如果从供求双方诉求比较的角度解构这一困境，迷雾会迅速被拨开。教育供给方的诉求在于供给方的利益，它评价学生的在校阶段，而在校阶段只是学生成长过程中的一个片段；而教育需求方的诉求在于成长总绩效。能代表这个利益的只能是教育需求方自己以及与教育需求方利益密切相关的人。不能以学生成长总目标为依据的行为都是对学生“不绿色”的行为，这就是本文要反转教育理论的原因。

为了让大家感觉到反转的重要性以及不反转的危害性，有必要放远视野,更完整地理解学生这一阶段的产业链特征。其实，学生只是人生的第一“产业环节”，学生身份结束了，并不意味着人生结束了，之后还要经历“工作者”与“养老者”两个阶段即两个“产业环节”。很容易理解，学生阶段的成长，对后两个阶段意义十分重大，有时会决定人生的方向与轨迹。所以，如果从“人生产业链”的概念上拓展学生概念，才能从一个狭隘的机构利益诉求反转到人生诉求上来，让教育之魂“魂归故里”。

如何才能使教育论反转为成长论？如何才能避免不负责任的激进反

转，如何才能使反转与国家的整体战略默契相合？这些是需要大家今后共同探讨的课题。

1.2　教育可以演化为六种“社会胎”

人的第一次生命是娘胎孵化的，人的第二次生命是“社会胎”孵化的。谁的社会胎“营养”越丰富，谁就会“重生”得越智慧。“社会胎”随着人类智慧的进化与技术的发展而演化，从家庭、私塾、学校、MOOC（慕课）、股性资金的进入，到TEF模式，可以表现为六种形态。

（1）家庭“社会胎”

人们常说，父母是孩子的第一任教师。《三字经》里说“养不教，父之过”，表面上说的是父母对孩子的教育问题，其实也告诉人们，家庭就是一个“社会胎”，是人生的第一个“社会胎”。确实，家庭是一个小社会，一个人一生的思维、心理、情结与执着，很多都与家庭对其的熏陶与教化分不开，有些心结甚至可以说“如影随形”。

大家都会看到一些有意思的现象，比如在农村，人的成长过程中有“羊群效应”，一家的几个小孩，要么都考上了大学，要么都没考上，第一个“头羊”的示范作用很大。同样，一个家庭孩子的性别结构、排序、性格特征，以及父母对孩子的偏爱……都对孩子的成长有重要的影响。

（2）私塾“社会胎”

私塾是我国古代社会一种开设于家庭、宗族或乡村内部的民间教育机构。是私人所办的学校，在中国以传播儒家思想为特征，是私学的重要组成部分，是官学的补充形式。中华人民共和国成立前夕随土地改革而消失，最近几年私塾又有所兴起。美国曾兴起现在亦然存在类似于私塾的“家庭学校”。

现代私塾的最大特点在于其自主性，学生可多可少，教材可难可易，注重个性发展、兴趣发展，天然就不单纯注重考分，这使其天然具有因材施教的因子。

当然，私塾与官学或者现代学校相比，也有其短处，比如不具有规模经济效应，情感教育、团队合作和社会适应力存在一定差异。有些“家庭学校”刻意安排的社会活动，不如同龄人在现代学校接受熏陶、互相学习、互相交流、互相模仿中得到的效果好。

（3）学校“社会胎”

中国古代的官学，欧洲中世纪的大学可以大致看作是学校形态的教育，具有国家给予投资并监管的特点，具有一定的规模效应。现代大学往往对学生的禀赋进行甄别、教育决策做得不够，学校的教学计划性太强、个性化不足，也比较呆板。

现代大学出现这种情况的原因可能是：一是功利性较强。过于用现存职业引导学生发展；二是“人才甄别悖论”。社会上逐渐形成用文凭甄别人才的机制；三是评判主体错位。学生培养是否成功由学校判定，学校更加关注管理部门，而不是家长、学生与市场。

当然，现代学校有利于知识的隐性传播，有利于交叉创新与合作研究，有利于人才的标准化，有利于学生成长的相互比较，有利于人才水平的辨认。

（4）MOOC“社会胎”

教育归根结底是一种“信息事物”，因而信息技术自然会在教育中加以运用。从“电视大学”到“网络学院”都表明，技术对教育演化的促进作用不容忽视。MOOC 等类似形态的出现说明技术对教育的影响已经达到了质变的程度。

MOOC 能弥补传统大学的一定缺陷，它也具有文凭的认证功能，实现了优质课程资源的跨院、跨校、跨国配置。这种配置模式给学生带来了三个重大的制度效应：一是优质教育资源的廉价获取；二是多样化的课程配置有利于学生的个性化发展；三是迫使现存高校发掘个性化的功能以提升学生的成长体验水平。

MOOC对学校的特别意义在于高校作为服务供给方首次“沦落”到相互竞争的地步，教育逐渐显示出“买方市场”的端倪。

（5）外部投资人“社会胎”

人如同项目一样，只要能发挥出更大的潜能为社会做出贡献，就值得投资。然而，很多学生的成长都沦落成“拼爹模式”了，那些教育资源足够丰富的爹，才可能挖掘出孩子的潜能；而所能筹集的教育资源不够丰富的那些爹的孩子，则可能会在一个同质化人才排序的社会中败下阵来。“寒门再难出贵子。”

如果能撇开“血缘之见”，为资源不足的孩子吸引社会投资者，补上教育资源的缺口，就可能促使“拼爹模式”向“拼潜能模式”转换。一旦社会投资者专业化了，教育的“天平”会向学生一边倾斜，学校将会按照投资者提供的教育决策行事，而投资者则会特别考虑市场的需求，从而使教育接地气、控成本、归人性。

（6）TEF模式“社会胎”

所谓TEF模式指的是基于学生成长的“产业”，深度引入信息技术与金融制度技术，形成“三位一体”的融合模式，使教育物联网、学生金融、互联网金融得以有机加强、互相协同和效率提升。三者的嫁接有利于教育资源当量呈几何级数上升。

现实中兴起的智慧校园就是教育物联网的典型形态；而逐渐兴起的“晨星计划”“互助教育”“创客成长基金”“孔子贝尔量化投资人才基金”“人才IPO”则是成长金融的实践形态；现实中的互联网金融正方兴未艾，从理念到模式已经深入人心。

教育演化的形态分为以上六种“社会胎”，主要源于以下这些事实、特点与趋势：

①教育的利益相关体越来越多。

②教育中的委托代理问题经历了先上升后下降的过程。拐点自变量来

自于股性供资人。

③股性供资合约的引入是供资结构化和丰富化的原因。

④信息化技术的教育变革效应与股性合约介入的制度技术效应是一致的，都能导致教育规律揭示效率的提升。

⑤学生的同伴规模经历了不断增长的过程。

⑥单个学生的个性化体验则经历了一个“V”型变化过程。

⑦越来越表明教育的本质是信息事物，因而所有能促进信息传递、信息加工、信息量增加的机制都是教育促进的工具。

⑧信息技术、教育技术、金融技术呈现深度融合是增强教育竞争力的法宝。

⑨学生、工作者与退休者三种人的成长形态也将越来越接近。

⑩以上教育形态只是教育的集中表现形态，人类教育终将归于无形，终将与生活、生产活动融为一体。

总而言之，以上教育演化的形态排序表明“社会胎”的孵化能力总体呈现不断提升的趋势。

1.3 教育革命：规律、机制与趋势

研究金融必须研究其所对应的产业。因为任何金融都是为产业服务的，只有基于产融结合下的金融才是有根基的金融、个性化金融、“精准化金融”。比如，为什么有企业股票而“没有”国家股票？为什么有企业股票而“没有”个人股票？为什么有房地产抵押贷款证券化，而没有“矿泉水抵押贷款”证券化？看来金融与产业的关系就如同树种与气候的关系，两者是相呼应的，金融的形态也是由产业决定的。所以，研究教育是为了更好地研究金融。

产业繁荣的周期性规律表明，教育成为新时期人类需要关注的产业。产业周期顺序从过去的第一产业、第二产业、第三产业，到目前依然方兴未艾的信息业，现在教育“产业”也该“粉墨登场”了。

教育革命的最大表现是教育理念让位于“成长”理念。事态越来越不从

“教育方”出发，而是从“成长方”出发。其实，这个愿望早已是大家的共识，通常的说法是“教育要以学生为核心”，关键是之前一直难以做到。

我们团队认为教育规律表现为三大方面的问题：其一，一个人要接受成功的教育，需要经过哪些流程？其二，教育的目标是什么？如何判定对一个人的教育是成功的？其三，有哪些角色会参与教育？分别完成哪些功能？这三个方面的内容及其总和代表教育的“母规律”，可以从中衍生出很多“子规律”。

一旦“教育范畴”转化为“成长范畴”，行为主体按照成长规律去办，成长者就会发现自己的格局大了，视野宽了，不会再“鼠目寸光”了，奋斗目标不仅明确了，而且不会前后矛盾了，最重要的是成长目标“绿色”了，自己更幸福了，而社会也因之更加和谐了。这不正是个人修炼的目的吗？这不正是国家所希望的吗？这也不正是和谐世界的状态吗？

2012年，窦尔翔作为北大招生组的成员在西安高新一中招生，在演讲中问前来咨询的“尖子生”及其父母：“你们今天干什么来了？”大家迟疑了一会儿说，“填志愿来了”。窦老师顿了顿，“酸酸地”说，“你们是来做教育决策的”。其实一旦提到这个高度，就会有相应的一系列范畴出来：比如，你的禀赋有哪些？你的兴趣点在哪里？你毕业时社会的需求是什么？教育决策还需要哪些依据？等等。这些都是与自己的成长密切相关的个性化问题。

如果你的目标是做一个旅行家，或许你会决定放弃学校成长模式而选择在环球旅游中成长。旅行家需要的不仅仅是旅行专业知识，更重要的是通过实践，增强体验，感受修炼；如果你将来要更进一步成为探险家，就完全可以引入外部资金作为你成为探险家和进行探险的“合伙人”。

一个人成长的后半段可以划分为三个阶段：一是没有现金流的年龄段，一般指的是学生阶段；二是有现金流的工作阶段；三是有效花费现金流的养老阶段。这三个阶段成长的资源禀赋不同，成长的结构与重点不同，成长的心态不同。有些人一生能拥有成长理念，能按照科学规律成长，老来身心健康，于己于人都充满绿色效应。

那么，成长的规律如何发现？其动力机制是什么？下面以学生阶段为例来说明。

学生成长离不开两类三种机制，一类是自然技术机制，一类是制度技术机制。前者包括链接技术与计算技术机制，后者主要指金融技术机制。

链接技术实际上就是信息传递技术。现实中本来就存在着人际网络，不过自然技术条件不同，人际关系的实现形式不同。在古代，人们传递信息一般要见面。那时，言语和表情这些信息的传递受制于信息传递的技术设施。之后人们利用电线、电话线、无线电技术等对信息进行编码，发明了相应的信息传递技术。随着互联网的发展，人们逐步发明了更有效的信息编码技术，能更加准确和丰富多彩地传递信息。教育的最一般的本质就是信息传递，因而互联网在教育中容易得到应用。当人们愿意分享自己的知识成果时，MOOC（慕课）应运而生。

MOOC 对教育的革命性意义，在于它促使教育资源进行了跨校、跨国、跨界配置。这种配置促使教育资源在供求双方之间形成了一个公开的教育市场，竞争机制深入学校，打破了校际师资隔离的藩篱。一旦 MOOC 在各校推开，学校会进入一个共性市场与个性化运营的双层存在模式。这将迫使学校在专业建设方面进行个性化的深度挖掘，采用差异化竞争模式。

知识生产技术实际上就是计算技术。现实中，人们接受一些信息，然后对其进行加工，就会产生新的信息，这个过程是一个解码和编码的计算过程。随着机器语言的进步，机器的数据挖掘效率更高，结果更精准。所以，可以将机器计算看成是人脑计算的物化过程，在学习中加以利用。现实中的计算器、计算机、机器人等都是人造出来的具有计算能力的机器，这些机器帮助人们进行精细化学习。“君子性非异也，善假于物矣”。

当把这些机器进行集成微化到一定程度时，完全可以增强、替代与增加人们的身体器官。如埋藏于体内可以根据动态情况释放胰岛素，血糖调节器就是典型的例子。可以想象，如果将这些机器与人的脑神经链接起来，用来增强人的智慧是完全可能的。

金融技术主要是用于解决人们资源纵向不均问题的。目前的金融技术多用于法人领域，对自然人的运用尚过浅薄，主要形式是学生助学贷款。债性金融技术与转移支付技术的重大缺陷是不能将筹资依据与学生的成长性深度关联，因而缺乏“资金人格”对学生成长的干预，从而导致资金的效能较差，资金与产业的结合度差。债性金融技术的另一个落后之处在于金融合约对供求双方的风险匹配不良，供资人要的是低风险收益，而求资人供给的却是多样化的收益，尤其是高风险收益机会。这样导致了两个结果，一个是求资人中的风险偏好者希望股性供资者分担自己的风险，而不愿接受债性合约，另一个是债性供资人并不乐意将资金供给爱冒险的求资者。

促使资金供给方与学生均衡的典型合约是股性合约以及由此所整合配置成的“三明治式”结构化金融合约。其中的劣后合约具有股性特征，集中拥有债性和转移支付性合约所稀缺的两个要素——风险、收益共担，因而供资方会介入学生的成长，并为学生提供成长必需的非资金资源，包括“甄别”“决策”“配置”“实施”“上市”“重置”等六大环节资源。

如果说链接技术、信息传递技术为学生提供的是成长的必要条件，那么金融技术则为学生提供了成长的制度技术，并将一切必要条件转化为充分条件。传统条件下，作为学生的投资者，学生、家长、国家，最多加上慈善者，所提供的资源总量和结构往往无法满足学生最大成长所需。

如果将成长作为一种投资的理念进行深度落实的话，就有必要引入一个专业化的社会机构作为投资“余值”的弥合者，它的最大特点在于其牵动整合所有的成长利益相关者，以及所有成长环节。

随着国际化深度和广度的加强，“世界越来越扁平化”。一个人的成长所受到的影响变量越来越多元化、复杂化。教育与成长本身变成了一门科学、一个工程，如果不能按照科学和工程的规律去行事，不仅不能成长，反而在运行上会出现一系列困境。

教育会成为风口的原因在于其产业特性。一是绿色环保性。教育产业污染不大，人的“排泄物”刚好是绿色肥料，全球各地学生在东道国文化的熏陶下能增进对东道国的理解；二是长产业链的联动性。学生既是生活性消费者，也是生产性消费者。这会产生全产业链式的联动。

既然教育是正在到来的“风口”，就不应该被动地等待“风”吹向大家，而要主动地迎接“风”的到来，站到“风口”中央。这种主动性表现在哪些方面呢？比如，学生成长孵化链与供应链的对接，积极推动自然技术在学生成长中的运用，积极挖掘与提升试点校园的个性化体验水平，积极推广基于学生成长的股性金融技术的理念，促使政府出台相应的学生成长创新制度孵化政策。

希望我国能在开放教育的过程中“升维超越”，把握主动权，汲取实体经济中“市场换技术换管理”所带来的教训。要防止教育“狼吃羊”的情况。教育不比其他产业，一旦教育权丢失，就意味着教化权的丢失，那可是不得了的事情。

1.4 教育的关键是成长资源的配置

如果教育的目的是为了人的成长，那么成长资源的配置就是教育的前提。而成长资源的配置，归根结底是以科学为依据，将资源恰当地与待成长者相匹配，促使成长者有效成长的行为选择。

成长资源的配置，可以细化为资源配置依据及内容、资源配置本质、资源配置表象、资源配置实力、资源配置权利、资源配置机制的优化六大问题。

（1）资源配置依据及内容

所谓依据就是凭什么这样配置而不那样配置。比如潜能依据，就像成长者用什么盛水，用勺子还是用大水缸；比如兴趣依据，既决定了学习的持久力和效率，也决定了未来职业的幸福感；市场需求依据，则决定了成长的社会价值实现问题；资源可得性依据与成本依据则是成长的使用价值与价值的双重约束问题。总之，依据的选择是否科学直接决定了人才成长的效率。

（2）资源配置本质

人作为灵长类动物，其成长的过程是解构信息、吸收信息、重组信息、输出信息等能力的提升。人们所需要的资源在本质上，是能提升成长者能力的那些信息。比如环境包含的重要信息，会影响成长者的能力，这是“孟母三迁”的原因，这也是学校文化底蕴重要的原因。因而，信息的吸收效率决定着对承载物与转换水平的评价。

（3）资源配置表象

资金、教师、学生、学校、课本、计算机等，都属于教育资源。其中，计算机、课本等是信息的承载物；学校则不仅是信息承载物，也是一个信息承载物交易平台、交易组织；教师则既是信息承载物，也是将承载物信息传递给学生的转换中介；学生则既是信息承载物、信息转换服务、信息交易平台等的购买者和吸收者，也是将信息承载物中的信息传递给自己头脑的转换中介。

（4）资源配置实力

有效的配置方案只提供了配置的可能性，但配置实力则是个财务问题。突破这个硬约束的方法包括政府转移支付、社会转移支付、债性资金、股性资金四种纯粹模式以及在此基础上的“混合”与“化合”模式。还可以形成“升幂”流动性的“资产池”及“长链”资产证券化模式，也可以形成“降幂”流动性的“资金池”及“长链”资产证券化模式。

（5）资源配置权利

即便待成长者具备了资源配置的实力，但是还少不了资源配置的权利。目前，成长者资源配置权利处于稀缺状态，这正是教育效率低下的根本原因所在。体制内教育采用的是“分数获配模式”与计划配置模式。即高分者可以得到更大范围的备选学校的选择权，而进入学校后，则是由学校提供计划式的组合课程，选课模式既不彻底，也未成主流。

（6）资源配置机制的优化

“市场轨教育”存在微积分式的资源供求特征，MOOC通过技术手段对“计划轨教育”资源的配置加以改善。前者是一种市场制度，现在的各种培训机构就是如此；后者是一种基于前者的自然技术制度。

总体而言，只有具备“成长理论的意识”，才能站在学生一方，放大格局，放远眼光，将最大范围的教育资源纳入可选集合。只有洞悉资源载体、资源内容、信息转换等范畴，才能抓住教育的本质。而成长者这个“弱势群体”，只有引入社会投资人，才能真正将“教育理论”反转过来。

1.5 实行面向学生的教育改革

如何进行提纲挈领、四两拨千斤、“永动轮”型的教育改革，是一个能体现领导人系统性思维、解析能力、“弹钢琴”能力的重大问题，也是对政府治国之道、治国技术的考验。“一万年太久，只争朝夕！”

党的十八届三中全会的精髓是“更加注重改革的系统性、整体性、协同性”“推进国家治理体系和治理能力现代化”“让市场在资源配置中起决定性作用”“让一切劳动、知识、技术、管理、资本的活力竞相迸发，让一切创造社会财富的源泉充分涌流，让发展成果更多更公平惠及全体人民。”这些精髓表明，国家正在努力提升现代治理能力。

所谓“现代”，是治理国家所面临的环境。目前，全球资源日益稀缺，信息化程度日益加深，全球化程度日益加深，全球系统性风险与系统性收益问题日益成为备受关注的焦点，因而全球生产关系需要创新。任何一个国家，都面临着生产力和生产关系的创新，我国也不例外，如今也面临和谐洗牌、绿色创新、持续发展的考验。教育领域的综合改革应当与此高度一致。

作为党的十八届三中全会主题之一的“深化教育领域综合改革”中谈到的关键点包括核心价值体系问题、全面发展问题、教育资源公平均衡配置问题、考试制度与培养制度改革问题，以及推进管、办、评分立问题等。这些问题，有的是“皮”的问题，有的是“毛”的问题；有的是结果问题，有的是过程问题；有的是机制问题，有的是规定问题。体会党的十八届三中全会的精髓，究竟要“皮”还是要“毛”？要结果还是要过程？要机制还是要规定？显而易见，要的是“皮”，要的是结果，要的是机制。

人才培养，强调全面发展无疑是正确的，但人的禀赋各不相同，发展潜力也不尽相同，而市场对人才的需要可能往往是一个侧面，或者某一点如果平均“用力”，不仅“扬短避长”勉为其难，还违反培养常识，而且会造成人才雷同，形成同质化竞争，扭曲人力资本结构，浪费人力资源。

强调教育资源的公平配置无疑也是正确的，但政府要在考虑国家可持续发展以及与其他国家竞争的问题上，更加注重人才培养的效率问题。因为国家之间的竞争需要尖端人才、双创人才、高能人才的参与。

强调文理分科问题、人才选拔制度问题、人才培养制度问题似乎也是正确的。但是，这说明强调者们还是没有站在学生一端，比文理是否应该分科更加重要的是大学生应当如何配置自己的课程资源，可以自主配置吗？可以跨院系配置吗？可以跨学校配置吗？可以跨国配置吗？对于学生来说，符合自己特点的课程配置，怎样配置都不为过。

人才培养制度的问题，教育的管、办、评分立问题为政府带来了无尽的烦恼。记得 20 世纪八九十年代经济体制改革时期，大家都在分析为什么中国的经济效率差的问题，大家一致认为原因是之前中国在搞计划经济，中国是在办工厂而不是在办企业。工厂之间难以展开自主决策的市场化竞争，所以才陷入各个工厂的生产制度问题，也存在工厂的管、办、评不能分立的苦恼。科斯说了，当企业边界太大的时候，管理成本就会大于市场交易成本，企业就应该缩小。教育也是一样，目前教育的主流模式是“计划教育”而不是“市场教育”。如果说教育部是教育企业的话，学校就是教育工厂，教育部和学校是管理和被管理、决策与被决策的关系，管理成本远远高于学校独立竞争所产生的交易成本。改变目前问题的根本方法是在党和政府的领导下赋予学校自主权，让学校之间展开市场化竞争。

那么如何做才能虑及政府的担心，不是简单的一哄而上地放开，而是使学校有限有序地独立起来，并产生市场化竞争？最核心的问题是围绕学生做文章，放开对学生的各种限制，增强学生的自主力。

（1）放开大一统的高考标准，深化自主招生机制

国家发展，为更多的学生接受教育提供了经济条件。从这一点来讲，通过高考来提高门槛应对教育资源稀缺的时代已经过去。当大多数学生都有机会上学的时候，就是该满足学生个性化需求的时候了。学校的专业设置、特色、文化、师资、距离、收费、地区、学生的禀赋等不一而终。唯有让学校、教师、学生形成自主选择的机制才行。学校根据自己的理念选择学生，教师也要在学生选择中发挥能动性，学生有权多次、在多个学校之间进行选择。

（2）减少文凭在人力资本变现中的权重，促成以能力定回报的机制

目前的用人制度和薪资制度安排中，文凭的权重过大，按照文凭选才定薪。因此，用人单位的人才甄别方法要变革，进一步，以分数为选人依据的高考制度也需要变革。解决的办法是要在人才能力揭示方面形成独立的第三方中介机构。尽管很多民营企业基本上形成了按照能力付薪水的机制，但庞大的公务员队伍、事业编制队伍、国有企业人员的工资都与文凭密切相关，形成了片面的薪酬模式，对民营企业的薪酬安排造成了压力。只有提倡以能力定回报的机制，“文凭热”的现象才能得以消退。

（3）国家教育经费“证券化”，增强学生享受教育福利的自主权

教育券是政府把原来直接投入公立学校的教育经费按照生均单位成本折算以后，以面额固定的有价证券，把教育经费以教育券的形式直接发放给家庭或学生，学生凭教育券自由选择政府所认可的学校就读，教育券可

以冲抵全部或部分学费，学校凭收到的教育券到政府部门兑换教育经费，用于支付办学经费。很显然，教育券体现了家长与学生的选择权。有了教育券，家长可以在任何一个愿意接受他的子女的学校使用教育券，不管是私立的，还是公立的；也不管是在他们居住的地区、城市或乡镇，还是在其他地区、城市或乡镇。教育券的深层次意义在于其有利于促成校际之间产生竞争。

(4) 证书“微分化”，促进教育资源的精细化配置

党的十八届三中全会决议“试行普通高校、高职院校、成人高校之间学分转换，拓宽终身学习通道”。这个决议一旦实施，不仅能增强学生选课的自主权，也能在客观上刺激校际竞争，促进学校同类产品的质量，并进一步促进学校差异化发展。这样，教育资源的配置会由单一的学校配置变为校际配置，相当于证书在课程层面的“微分化”。但可以想象，随着校际配置课程的扩展，有的高校将面临“关门”的境遇，这类高校必然设法阻止校际课程配置的扩张或者变相增加配置的“交易成本”。

另一种深化证书“微分化”的方法是学校只是人才加工的教育服务产品外包方，在学生和传统学校之外将会形成一些专门对学生进行潜能甄别、教育决策和教育资源配置等的第三方中介机构。这种机制一旦形成，学校之间必然会发生差异化竞争，目前高校“千面一孔”的重复建设状况将会得以好转，学校特色将会越来越突出，人才培育效率必然越来越高。

(5) 提升学生教育资金的可得性，助推学校之间的竞争

发展教育，资金是硬道理。没有足够的教育资金，跨校选择课程都是妄谈。从学生的资金来源看，财政转移资金是有限的，社会捐助资金是不稳定的，助学贷款资金是容易发生道德风险的，家庭资金则受限于家庭贫富。以上这几种资金模式效率不高的根本原因在于投资问题没能密切地和学生的未来挂钩。为什么企业通过股权融资的量是巨大的？诀窍就在于企业融资的抵押物是企业未来的现金流回报。一旦提供了股性资金，所有的提供者都会产生做大做强企业的激励。现实中的明星经纪人之所以愿意卖力打造明星，正是由于明星将自己一定比例的未来收益分给了经纪人的缘

故。如果这种经纪人机理能植入学生融资模式之中，学生将会依赖自己的努力获得充足的教育资金。

总之，在选择机制上，人们希望学生、教师和学校之间的关系，逐步形成类似于“理发者、理发师和理发馆之间的关系”。这样一来，学生评价学校，学生选择老师，老师也选择学校。反过来也是，形成真正的双向选择机制。学校将不仅为教育管理部门负责，更要为市场负责，也不需要教育管理部门辛辛苦苦地进行“无谓、无效”的评价。学生选择权的增强，有利于校际之间形成竞争，有利于市场这只“无形的手”充分起作用，教育管理部门只需定标准、做好注册工作、当好守门人。这种自下而上的改革将会形成自发机制，那些教育中的过程性目标市场会自然与其整合，因而其改革成本将不会高于自上而下的改革成本。当然，如果自下而上与自上而下目标一致，形成互动，其改革的成果将是巨大的。

1.6 破解高校“抢状元”现象的制度考量

清华和北大“抢状元”的现象，给人们带来的是深深的思考：如何以建设性态度剖析“抢状元”这一现象？如何给出破解这一问题的科学方法，实现大学本来的目标？

“抢状元”贻害无穷。北大、清华表面上是在抢“生源”，实际上是在“抢分数”。不管是谁，只要是“第一”，就值得“抢”。但分数是个量化、排序的事物，必然造成稀缺性，一不小心，就会造成不斯文现象，更大的遗憾是误评了学生、误导了选择、给学生带来巨大的伤害。学校向来是知识的家园、思维的殿堂，应该是神圣的。然而，高校“抢状元”行为，损害了学校在学生心目中的形象，也降低了学校在学生心目中的崇高地位，甚至有可能影响学生的学习效率，乃至成才后对学校的感激之情。

从表象上来看，“抢状元”反映了教育“过度倚重分数”“过度倚重证书”“过度倚重文凭”的理念、文化和制度。往深里想，是由于教育无法脱离以学校为中心的模式，教育分工不清，教育主体专业化程度差。而造成这种现状的原因在于人们对教育制度中的“三大规律”，即“教育链”“多主体”“教育目标”，没有足够的认识。

在“教育链”规律中，人们过多地将教育简化为“上学”环节，而无视教育包含了“人才禀赋甄别”“教育战略决策”“教育资源配置”“教育实施过程”“人才上市”“人力资源再配置”六大环节。从经济学角度看，当每一个环节花费单位成本所带来的边际收益相等时，人才的培养容易达到收益的最大化。可是现实中只存在“缺三少四”的教育环节。在短时间的“抢人”大战中学生缺乏对自己潜能和禀赋的甄别，学生来不及也无意识联系未来深入分析结果，哪个学校“劲儿大”，哪个学校就取得了给这个学生做教育决策的权利。在教育资源配置方面，一旦选择了学校，基本上意味着确定了培养计划。

在“多主体”规律中，人们没有认清教育不仅是学生的事，也是家长、学校、国家、企业、金融机构，特别是“投资人”的事。只有这些主体紧密配合，才有利于培养出有价值的人。过去人们常常听到两种埋怨：一种是家长和老师吓唬学生，“如果你不好好学习，将来就当××！”一种是学校埋怨社会，说光靠学校教育不行，社会也要担负培养学生的责任。从规律上来看，学生的培养过程，离不开生产、培养、投资、使用等几大功能，每一个主体都有与之相应的专业化功能。而现实中，有的主体可能履行着部分或者全部的相关功能。这正是学校的霸气，能抢走学生，也是学生的霸气，乱点“学校鸳鸯谱”的原因所在。

在“教育目标”规律中，人们忽略了社会需求才是评价人才价值与教育成败的最终标准。“抢状元”与培养人才的目标并不一致，而与“生产文凭”的目标紧密相连。“状元”代表了考试能力，热衷于“抢状元”，意味着热衷于要考试能手。也意味着偏好于生产能反映考试能力的文凭。令人深思的是，长期以来，用人单位也都热衷于用文凭来选人，用各种证书来选人。导致学生学无所用，企业用工效率不高，企业缺乏创新性。

进一步挖掘，导致对教育规律把握不深的原因在于，人们缺乏促使三大教育规律“发生”或者“显化”的动力机制。这个机制就是教育投资理念、学生投资机制，以及投资人制度。

市场经济条件下，既然教育资源是稀缺的，教育行为就要受到成本收益的约束，就应当将教育看作是一种投资行为。投资工具的性质一般分为债性和股性，从以往的投资来看，债性工具并没有有效地促使教育规律的明晰化，而股性工具则具有这个功能。一旦有了股性投资人，投资人的收益将会与学生的成长紧密相关，投资人就会千方百计地为学生提供专业化服务。投资人会联系未来就业需求在各个教育环节上都尽职做好；当投资人不能完全或者有效提供相应服务的时候，就会采用服务外包等合作方式；投资人也会在此过程中根据动态情况不断优化教育内容，以便学生被社会认可。

总之，“抢状元”作为“教育工厂”之间的竞争行为，会损害整个教育体系的均衡性，要破解这一乱象，我们团队认为可以尝试容易促使教育按照“三大规律”运行的股性学生投资制度。这种制度的最大特点就是投资人带着投资理念，以学生为本，以市场为约束，整合各类利益相关人，产生“鲶鱼效应”，从而作为传统教育体制的补充，并提示、引导传统教育制度发挥市场效率。

1.7 因材且慢施教

“因材施教”这句成语出自《论语·为政》，指针对学习的人的志趣、能力等具体情况进行不同的教育。这句话大家很熟悉，施教者也做了很大努力，但离人们希望的评价目标还有很大距离。

本文想告诉大家，即便因材施教做得很好，也未必能培养出人才。因为“教育不是零散的行动，而是一条有机链条”。只有符合以下原则，人才才能被培养出来。即“在每一个教育环节上所支付的单位成本所带来的边际效应相等的时候，人才培养的总效用最大。”

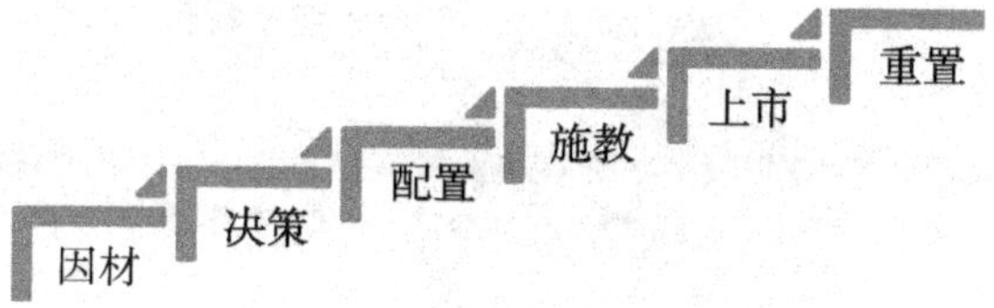

上图表示，完整的教育链包含六个环节，因材环节是首要的。如果是块“朽木”，就不要“雕了”；如果是“块石头”，就不要“当玉雕了”；如果是“块美玉”，也不一定要“雕刻”，如果要“雕刻”，是雕个“如意”，还是要雕一对“手镯”？

因材的过程，就是“辨料”的过程，不仅看这个人的性格，也包括探明一个人的成长机会。但仅凭此就开始施教，显然是鲁莽的。简单地说，“施教”是个“技术活儿”，是个“下游活儿”，甄别、决策与配置才是“战略活儿”“上游活儿”。

所谓决策，就是前文所说的，在爱、能与成长目标之间到底选哪一种。人的精力是有限的，在从军、从艺、从医、从工、从理、从文等潜能之间，一个人到底要向哪个方向发展？原则是什么？简明地说，就是要让自己的快乐和幸福等于社会的快乐和幸福。

如右图所示，首先要考虑个人的偏好，其次也要考虑家庭的诉求；既要考虑个人的成本收益，也要考虑家庭的成本收益。这里所谓收益既指个人、家庭从学生发展中所得到的快乐感受，也包括未来社会对人才的需求而得到的货币收益。这个账算不清，就不能急于施教。

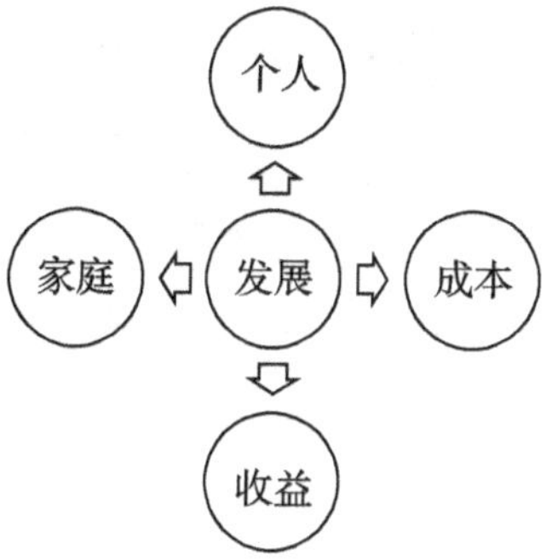

教育决策只是提供了发展的可能性，还需要考虑教育资源的有无、多寡、匹配、效果。如下图所示，如果是“学校式配置”，就需要考虑学校环境如何，学校本身的文化资源怎样，所在院系的专业特色，上课的教师资源是否合适。

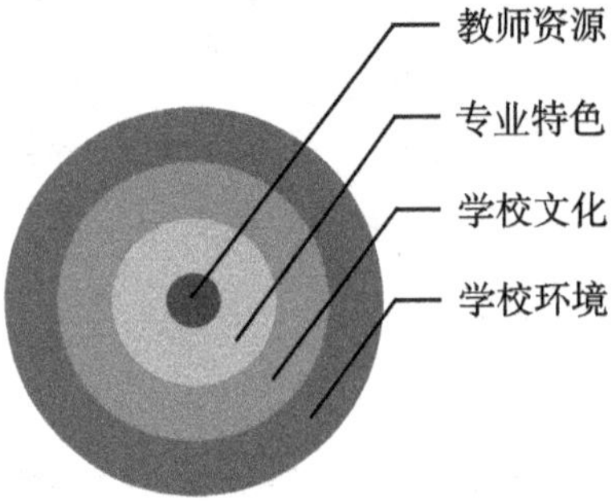

学校配置属于“组织配置”，其对立面则是“市场配置”，具体表现为“课程式配置”与“项目式配置”，配置结果需主要考虑专业声誉与教师魅力。但还需同时考虑课程配置师资的资源与成本，以及分散实施的交通成本与协调成本。

以上阐述说明，在“因材”与“施教”之间，还需要完成好“决策”与“配置”两个环节。不仅如此，“施教”是一个周期性过程，一方面要按照之前的预定方案；另一方面还需要考虑市场资本成本、人才需求与人才的柔性成长。

因而，在施教的过程中，要注意挖掘学生的“适应性”潜力，培养其成为“柔性人才”的能力，随时调整自己，以便在市场变化中立于不败之地，获得最大收益。拿“实施”与“上市”的距离来说，越是迫近于上市，“施教目标”的调整越频繁，但调整幅度趋小，如下图所示。

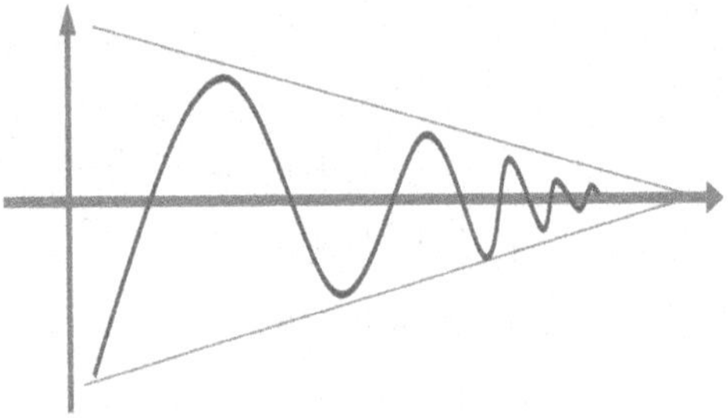

由此可见，要正确理解古人的“因材施教”，需要有“链态教育思维”，需要“瞻前顾后”，不仅仅因材，还需要考虑更多的重要环节。这样的教育才符合市场原则，才具有科学性。

1.8　教育国际化新思维

国际化的结果有两个：一是打破藩篱，“狼羊一室”；二是加快进化，成为“百兽之王”。当然也可以不这么极端，更多的是许多不典型的中间状态。不可否认，中国教育有待快速成长。据统计不算在中国落地的国际学校所招收的中国学生，单就赴美留学的学生而言，2015 年为 30 多万人，2016 年达到 54.45 万人。2017 年据教育部统计，出国留学人员突破 60 万。中国教育的市场认可度亟待加强，中国教育亟待振兴！

我们团队归纳“教育国际化新思维”为“一旨双轨三环”。

所谓“一旨”，就是国际化的本质是领先战略，宗旨就是国际化，目的是为了“师夷长技以‘超’夷”，否则国际化就可能意味着风险。

所谓“双轨”，指的是之前的教育是基于教育供给方的教育，只有在此基础上同时构建基于教育需求方的教育，才能趁机“弯道超车”。此谓“出发点”。

所谓“三环”，指的是用“大产业链”思维解构教育为三大教育环节：“金融资本环节的教育”“生产资本环节的教育”“商品资本环节的教育”。此谓“过程取胜”。

以下分别予以论述。

就教育国际化宗旨而言，我们团队认为当今世界，国家仍然是基本、典型的利益单元，而教育是国家获得或保持本国利益的工具之一。虽然强调要获取的是共享性、包容性教育收益，但不能很幼稚地无视强势国家藉教育国际化吮吸中国经济价值，掠夺中国教化权的可能和事实，我国要掌握教育主动权。

强调“双轨”，是因为全球教育特别是目前主流的教育范式，几乎都是基于教育供给方的教育模式。这个模式发达国家具有先发优势，要在老轨道上追上人家，不是不可以，但实属不易。但可以在不放弃老模式的基础上“开辟新轨道”，这个新轨道就是基于教育需求方的教育模式。其实，人类古老的教育正是基于成长的教育，而现代大学教育为了追求效率却偏离了“初心”。中国唯有通过“换频”才能跳跃式执全球教育之牛耳。

“三环”作为发展教育的技术性手段，为中国教育取胜提供了丰富的思维资源。之前不同国家只是顾此失彼地在三个环节中的某一个点上努力，中国则要以链式思维，在三个环节上有序铺开，使其生态型成长。

培养高研究水准、善于创新、能有效解决问题的学生，是从商品资本环节描述教育的高水准，比如是执行类人才、创新类人才，还是创业类人才？科学的办学理念，有效的管理体制，孵化性校园文化，雄厚的师资力量，是从生产资本环节描述教育的高水准资源，比如“教育产业生命链”的联动性。对领先教育机构兼并重组、深度入股全球精英教育，则是从“金融资本”环节描述了金融对教育供求双方的权益能力，即教育合伙人制度的发达程度。

需要提醒的是，中国目前的“双轨”效能都有待加强，尤其是“教育需求轨”，这一轨，既容易拥有中国的自主知识产权，容易形成“中国模式”，容易与发达国家形成差异化竞争、包容性竞争，又容易形成超越现有发达国家教育水平的模式，有关人员没有理由不重视。可惜的是理论研究有了推进，但“布道”不足，实验不足，试点不力。

在操作模式上，需要用技术、金融改良教育基因，构造“教育塔福域模式”，通过创造“影子抵押效应”，解决教育中的“信息、信心、信任、信用”问题，形成“大大”的“教域部”。“教域部”具有不可阻挡的涟漪效应和极强的市场性、成长性，最后会超越国界，形成全球“教域部”，其张力之大、效能之高、影响之大、威力之猛，完全可以拭目以待！国家意志则完全可以通过引导基金与特许管理开域之人的方式去实现。

在“狼”与“羊”之间，肯定是“狼”喜欢国际化，“羊”若不能改换基因，则有“落为人肉”的风险。

1.9　教育绿色化指标

徐玉玉事件之后，网上又接连爆出不少准大学生上当被骗的新闻。骗人的人作为当今教育的产品，一定不仅是“次品”，还是“毒品”。而这么多学生受骗，也说明学校未能与时俱进地培养学生的自我保护意识，这样的教育需要反思。为此，我们团队提出了一个概念即“教育绿色化指标”，用来评价不同地区、不同时期教育的优化程度。

国内已经十分注重对绿色经济的研究。然而，“人是生产力中最活跃的要素”，教育作为“学、研、产”的上游环节，何尝不可以关注其绿色程度？当今人们所热议的对学生“以分取人”、对教师“以量取人”、对学校以升学率为优劣标准的局面引发了一连串不健康的行为与结果，对于人来说是“反幸福”的，对于经济来说是“反效率”的，对于国家来说是“反竞争力”的。

谁不想受个好教育？谁不想知道自己所受的教育好到什么程度？不过，如何区分教育的绿色程度（好的程度），或许是一个难题。可以尝试从“自由度”“连累度”“生存度”“金融度”“异化度”“开放度”六个方面先进行一级指标的初步设置，之后进一步细化。

（1）自由度

教育的目标是“学生”的成长，教学是以“学生”为主体的活动过程。如果学生没有兴趣参与活动，哪里来的成长呢？要让学生产生兴趣，学生需要选择的自由。我们团队将这种选择划分为活动结构和教育中的时间、空间、关系等几个方面。

生命时间由教育和非教育两块组成，不同人的组合结构不同。绿色教育应当容忍受教育者的自由选择，比如允许大学生结婚、允许老年人参加高考、休学制度安排等都是教育容忍度高的体现。受教育者将两块时间“相融”，等于每天拥有了 48 小时的成长时间。

教育就是“精神吃饭”，人们吃饭时，牙口、胃口、偏好、需求等不可能整齐划一，对食品的选择也不可能偏好相同。同理，学生对于教学内容也应当有充分的选择权，权力越大、过程越愉悦，成效可能就越大。定制课程、学分制就是这类选择权的部分体现。

学习是一个精神、心理、脑力、体力等多因素融合的过程。动态世界影响身心的因素太多，导致每一个人的学习节奏不可能完全相同。信息化终端的多样化，降低了内容、时间、空间的羁绊。

学习时空具有“互决”的特征。教育时间节奏的差异决定了教育空间布局的差异。同样，教育信息化终端的多样化也是教育空间选择的前提。成吉思汗“移动军帐打天下”，红军长征“马背上开办幼儿园”，王力“白天腹稿夜成书”，都是例证。

(2) 连累度

教育中所谓的“连累”是受教育者与其家庭之间“剪不断，理还乱”的纠结、无助、压力、低效等的状态。

连累度大是因为人们未能有效认知家庭成员之间的关系。这种关系复杂交错，不好厘清，它是动物本能、精神需求、经济关系的复合体。就连贝克尔也未来得及捋清家庭成员之间是交易关系、借贷关系，还是股性关系。

马斯洛的动机需求理论将人的需求分为 X、Y、Z 三种需求，前一种需求是后一种需求的基础，学生越是对家庭成员的前段需求产生“挤出效应”，学生的连累度越高。

如果政府给教育的预算越大，教育物价的指数越小，教育制度安排得越科学，教育筹资效率高，学生接受教育对家庭成员的“挤出效应”越小，教育越绿色。如果学生金融越发达，学生越能借此获得成长资源，教育越绿色。

(3) 生存度

生存是成长的前提，任何动物，生下来都有一个或短或长的生存训练期。人作为“重生性动物”，所需要的生存训练周期长，内容复杂，需要的手法专业。成功的训练，能提升学生的精神调控力、自我保护能力、就业能力、合作能力，教育使这几个方面的能力越强，个体拥有的资源禀赋越多，人力资本越强，教育的绿色指标越高。

精神调控力特指能在立场、视野、得失等方面具有较强转换能力的人。比如，有的人情绪管理能力强，就不容易陷入负面情绪不能自拔，更不可能抑郁而死，自助舍命。

自我保护能力特指面对复杂的外部世界，个人所具有的辨识能力、避险能力、自我防卫等应急处理能力。甭说年轻人，个别大学教授同样被骗，这就是教育绿色度很低的表现。

就业能力指的是一个人所受教育是否对社会有价值，即便是反映了自己的兴趣爱好、挖掘了自己潜力的教育，若最终不能为社会提供价值，就是自私的教育、“绿色度”低的教育，价值也难以实现。

合作能力指的是个体与环境之间的良性互动能力。可以包括对环境的适应能力、对制度环境的遵守能力，以及与他人的共赢能力。比如，一个人孤僻、自我、傲慢、专横等，表明其所受教育的绿色程度低。

（4）金融度

学生的资源稀缺分为资金稀缺与增值资源稀缺两部分。这两个方面越是都得到较好解决的教育越是绿色教育，越是能解决好这两个问题的教育机制越是绿色机制。传统的教育资源稀缺解决机制大致有以下几个方面。

以学生为直接捐赠对象的传统捐赠包括两类，一是纯粹善举式的社会捐赠，二是以声誉或利益为回报的社会捐赠。如果能将传统捐赠与公益创投等社会投资结合起来，捐赠将会转化为一种金融行为，捐赠会变得持续、巧妙、高效。

财政资金对学生来说属于财政拨款，对国家来说属于“迂回投资”。教育回报的周期性、公共产品性，导致相关管理部门往往会看不清或者看轻教育产业回报的重要性。美国制裁中兴等事件说明，我国创新人才培养投入严重不足。

学生债分为抵押担保等小系统信用资源债与助学贷款等大系统信用资源债两类。显然，学生天然缺乏非系统信用资源，国家信用资源建设短期内难度大，国家应当调动市场力量，促进与繁荣小系统信用资源的建设，因而普及小系统信息资源技术迫在眉睫。

股性学生信用资源的可贵之处，在于它不仅超越了债性金融的资金提供功能，能为学生提供许多宝贵的增值服务，更加重要的是股性金融主体有动力，主动干预那些弱小的、非理性的学生，形成学生成长的宝贵伙伴资源，因而更具绿色效应。

目前的问题是国家、投资者和学生都没有认清“学生增资扩股”的意义，股性学生金融理念没有得到充分的宣传、推广。导致“成长金融”还主要停留在明星挖掘方面，发育程度不足。

（5）异化度

异化有转让、疏远、脱离等意思，在此主要强调异化具有“推陈出新”之意。那种“尽信书”“搬砖式”式的教育，异化程度低，绿色程度低。高级的教育方法的贡献在于能从现有知识中体会到“弦外之音”，生产出新知识。

我们团队拟用探险精神、科幻能力、创新能力、创业动力等二级指标来体会教育的异化度。

麦哲伦、达伽马若没有探险精神，就不可能发现新大陆。化学家、物理学家若没有探险精神，则不可能以生命为代价为世人换来科技的发展与生活的方便。我国目前的教育需要唤醒和挖掘学生的探险精神。循规蹈矩是“秋风扫落叶式”的教育，无绿色可言。

科幻则是一种思想探险，是低成本、高收益的创新前奏。比如，美国以科幻电影的方式，孵化思想探险，将思想探险发挥得淋漓尽致，完善了思想探险生态链，为现实创新提供了宝贵的温床。中国各行各业都需要科幻氛围、科幻人才！

创新不仅会带来经济价值的提升，更加重要的是优化了人与人之间的竞争结构。因为创新意味着个性化、差异化，因而意味着绿色竞争，意味着竞合。

创业实际上是创新的延续与执行，创业不是同质化的学生在应聘岗位上的恶性竞争，而是通过招聘来实现应聘的反转，为他人提供就业岗位，是学生在就业层面的竞合。

（6）开放度

教育开放可以分为学校开放和国家开放两个层次。教育的开放度越大，资源利用就越充分，教育效用越趋于最大化，教育的绿色程度越高。

由于人们将成长资源的功劳过渡归为教育机构，似乎其具有“黑洞”的威力，为人们顶膜礼拜。又由于人类教育仍处于小作坊阶段，学校在空间、环境、课程、态度、资源方面往往趋于封闭。可喜的是，MOOC 实践为教育的开放提供了强有力的实践。

国家教育的开放可以引入差异更大的思想文化基因，会比学校开放收到更大的杂交收益。日本弹丸之地，就国土面积而言算个啥？可是日本却成为世界不能忽视的第三大经济体！为什么？思维杂交功不可没！日本文字中可以见到汉字、英文单词，只要能丰富其思维内涵，无所不杂交！美国聚天下英才而教之用之，也是通过思维杂交取胜天下。

当然，从国家安全的角度上考虑教育的安全性无可厚非，但若能在安全的前提下，考虑效率上的平衡，那才是国家教育制度设计的高手。

1.10　教育需要“微积分”

乍一看，教育与数学中的“微积分”不会有什么关系吧？其实不然，教育资源的配置也可以和“微积分”联系在一起：学生接受教育的过程，也是一个各类教育资源配置的过程。目前教育资源配置的最大问题，在于“学校模式、缺少个性、粗糙配置”。这些资源分类越细，配置越精细，越类似于微积分过程。

900 多年前，意大利北部的波伦亚城市诞生了世界上第一所具有现代意义的大学——波罗尼亚大学。现代教育的集中授课模式收到了规模效应、范围效应，然而与此同时，现代教育也带来了个性化减弱的问题，形成“现代教育悖论”。

现代教育存在的问题有以下三个方面的本质问题：

其一，“削足适履”。尽管西方学校不乏能体现个性化的学校，但要求学生教条性地遵守校规和授课模式的味道很浓。诸多国内学校的弊端正是学校说了算，学生的发言权则严重不足。于是，学校表现得“很任性”，也导致部分不买账的学生因产生逆反心理也越来越“任性”。

其二，“人在校中”。古人云，“处处留心皆学问”，那说明“学问不仅在学校，也可以在校外”。但现代教育下，不管是家庭、个人还是国家、学校，几乎都“认知异化”了，似乎不上学，就是“辍学”，就没法“有文化”，这种夸大学校功能，看轻校外功能的思维是不合实际的。

其三，“以牌代才”。本来，文凭只能说明一个人接受教育的经历，但现在却总变为人们判断一个人才能的主要依据。似乎只要是哈佛毕业的，就都是有才能的。现实中的唯文凭论，扼杀了很多人的信心，也损害了太多人才购买者的利益。

正是这些本质性问题，才引发了现代教育中存在很多令人惋惜的现象：

学生对专业没有兴趣，与课程设置发生内心冲突。尽管不少学校有转专业机制，但是，是否能转必须符合严格的规定。即便是转了专业，照样存在不喜欢但却非要修的课程，造成学生心理痛苦、时间上浪费。

对家庭教育与社会教育重视不足。一个人成长的资源顺序是家庭、学校与社会。一个人的成长是否成功反过来也要接受这三个主体的检验。显然，学校只是人成长中的一部分资源来源，而不是人成为学校成长的资金来源。人与学校的关系是“校在人中”，而不是“人在校中”。正因为如此，学校教育首先要教育人长尊有序、服务社会等。但现实中，不少学校却忽视了对学生的素养教育，而仅停留在对学生分数的关注上。

在中国，尽管民国时没有文凭的可以在清华、北大当教授、导师，得到做杰出学者的机会，但是这种个案毕竟难以坚持。可以想象，唯文凭论埋没了多少真正有才能的人，浪费了多少教育资源。

互联网技术的基因化，为现代大学的变异、优化提供了条件。学校的本质是一个传递信息与创造信息的场所，互联网技术则增加了使学校“围墙”彻底倒塌的可能性，TED、MOOC 等都是传统学校的“掘墓人”。

TED 为现代教育提供了两个启发：

一是没有“围墙”。每年 3 月，TED 大会在美国召集众多科学、设计、文学、音乐等领域的杰出人物，分享他们关于技术、社会、人的思考和探索。所有的人，都可以通过互联网分享这些资源。

二是减少重复建设。在顶尖思想和平庸思想之间，人们乐于关注和享受的必然是前者。可以想象，随着时间的推移，平庸思想会逐渐失去传播市场，这种“挤出效应”会纠正思想市场中资源扭曲配置的现象。

“MOOCs”，则可以看作是 TED 精神在教育领域的运用和深化：

第一，教育资源配置的“微积分现象”。教育资源配置由原来的以学校为单位的大一统的配置模式飞跃为以课程为单位的配置模式，或者细化为以教师为单位的配置。学生可以选择自己喜欢的课程，甚至同一门课程的不同知识点也可以听不同老师的讲授。这种资源配置模式充分反映了学生的个性化需求，有利于减少资源浪费，激发学生的兴趣和潜能。

第二，“高校品牌”演化为“课程品牌”“教师品牌”。现在教育证书的含金量粗略地以学校品牌为代表，显然，拥有同一学校文凭的不同的学生水平也可能有天壤之别。一个可能的准确化选择是“‘课程束’品牌”。可以预见，在“未来的未来”高校的存在感可能会大大下降甚至消失。

近期，人们对育人机理和育人技能的认识不断突破但还不足以达到机器代替人的程度，因而不能夸大基于技术特征的“MOOCs”导引，而是从中寻找对现代教育具有革命性启发的元素，前瞻性地思考未来教育的发展模式。

比如，在现有以高校为教学单位的框架下，可以引入 TED 与“MOOCs”的“跨界精神”对传统教育模式进行趋势性改造，实行跨校共建专业、共建课程，学生可以跨校选课，这样迫使各个学校发挥“相对比较优势”。

高校自然会深化专业分工，突出特长专业，开发特色课程。在师资储备方面，也会重视细化分工，设置课程演讲师、课程配置师、方法论导师、逻辑框架导师，为学生提供营养丰富的教育大餐。

超越“MOOCs”，就是要使其避免成为高校的简单替代品，而是恰当的互补品。就是要抛弃传统的以高校为单元的教育资源配置模式，代之以教育资源的元素性配置，才能名副其实地完成“印刷术发明以来教育最大的革新”，使“未来教育的曙光”普照大地，人类的知识传递与知识创新将会进入一个新时代。

1.11 绿色产业与教育的绿色化

将教育看作产业是理性的表现。讲教育是一种产业，是强调教育对创新，接着对创业，以及对成熟企业供应链的孵化功能，并非指要特别鼓励公办教育高收费化。就国内外的知名人士看来，教育属于第四产业。可能是因为教育有三个特性：一是生产性，指的是劳动力的再生产过程；二是智慧性，指的是教会人们如何智慧起来，并学会将智慧外化为产品的过程；三是信息性，指的是教育是一种通过数字化加工，有效传递、生产信息的产业，教育是一种提升“身、心、灵”水平的活动。

由此可以看到，教育的原料是人，对象是信息，手段是数字，目标是“身、心、灵”。它不强调对自然资源的采掘与加工，因而不会产生有形的废料。它也不强调对时空的大量占用，而强调对一定时空下内容的优化升华。因而容易成为典型的绿色产业。

具体来说，有以下三个方面的内容。

第一，教育可以生产意念与思想，改变对事物的认识，通过改变人与物配置的相对性来改变物的稀缺性。通过改变人与人“配置”的相对性来改变人们对人际关系的看法，促进人与人之间的和谐。从这个意义上讲，教育是一种直接生产力。信仰、政治、身心灵、体育运动、心理调整等都是直接提升生产力的过程。

第二，教育还可以间接提升劳动力水平，以便在更高层次上利用生产资料，从而对经济增长有所贡献。人们在生产方式上的改进，在自然技术和制度技术上的提升，都属此类。

第三，教育属于“种链”产业，是各种资源的最终消耗者，也是各种技术和产品的生产者，从而具有最长的产业链态。教育作为该产业链的起点，教育对象作为该产业链的塑造者，直接关系到产业链的效能，具有最强的拉动性。

如果你不信，你算一算我国留学生一年交给美国多少美元。你可以观察一下有多少人因留学而衍生出购买房产与汽车的需求。算一算留学生一年在国外要消耗多少资源。算一算有多少人在“供应链终端”被贴牌成美国人而为美国的强大工作。算一算有多少人在意识上抛弃祖国，鼓吹他国，并为之服务。

如果你还不信，你量一下美国“产业生命链”的“长度”。美国通过教育产业的魅力，在中国等全球智慧种子基地筛选优良品种，极力网罗到美国本地。他们这种吸引全球优秀人才的能力才是真正的软实力。美国“人产业”搞得越大，美国的天就越蓝，人际关系的规则就越健康。相反，有关部门层层选拔，将“智慧型人才”集中到“象牙塔”集训一番，替人家把关，挑好的送往美国。更严重的是现在的国人热衷于搞“物产业”，搞得越大，雾霾越浓，而且“人霾”比雾霾更令人担忧。

庆幸的是，我国已经清醒地认识到这些问题。接下来就看能否有效更换产业引擎，将教育这个龙头产业、绿色产业做大做强，用教育外部效应替代房地产业、炒股产业等的外部效应，从而重置产业结构。

不过，追问一下，为什么这么多年，中国的人才（坯子）流失如此严重？原因很简单，中国的教育产业缺乏美国的战略眼光、科学结构，因而优质教育资源稀缺。有些教育资源不敢配，一配就死，一配就赔啊！很多人戏谑无奈地说，有些教育就是“聚天下英才而毁之”啊！可是，多少教师感到委屈，“我多么辛苦啊，我怎么就成了‘毁人不倦’了”？

很多人都有吐槽，但归根结底说的是：

第一，认证标准是分数与文凭，而不是社会需求与个人成长；

第二，入学机械、年级割裂、打断人生连续性；

第三，同质化、低水平、被动、枯燥、惨烈竞争。

这样的结果是，学生“青春被绑架，梦想被践踏，人格被矮化”，容易诱使学校简单化比较，容易诱使教师“纸上谈兵”，容易造成国家人力资源水平下降，外部负效应增大。最终，教育遭国人抛弃，实业下行……这些议论网上太多了，其实大多数国人都意识到了，中国的教育：有问题，没办法。这里不想列举偏激之词，更想客观得出结论：我国的大部分教育不绿色！

怎么办？当然得尽快、精准、有序地改革！如何改？不要按分数、不要论文凭。可是，教育资源稀缺，国家咋决定谁受教育，谁受什么档次的教育呢？企业又依据什么招人呢？

找到方法的关键在于找到问题的本质。那么，教育的本质是什么？答曰，人的成长！既然是人的成长，当然只能个性化成长了。再进一步思考：成长可以产生价值吗？答曰：可以！那好，谁想从人的成长中受益，谁就投资成长好了！人为了养老，不就投资了自己的儿子吗？有人会担心说：这样一来，对无人投资的学生不就不公平了吗？答案是，可以让市场先选择，剩下的国家来兜底。或者国家先来孵化，市场再来“摘花”。

好教育的特点已经被揭示出来，总的原则只有一条，自下而上！即“从学生成长中来，到国家发展中去”。实现这个目标的操作路径是调动市场力量来实现国家发展教育的目标。不是首先让国家作为操作员冲在前面，而是首先要激励市场冲在前面。国家的作用在于不断设法促使更多的学生被社会青睐。

有些人担心，之前的教育有路径依赖效应啊！这个不怕，可以模仿经济领域改革的办法，来个“双轨”运行。即在最初可以诱导在校学生局部参与市场资源的获得，既为体制内教育做补充，又为体制内教育做示范，诱导体制内资源逐渐融入市场环境。但这并非简单强调放开民办教育，否则就会出现“上课不教，下课补裸”的乱象，解决办法就是要为学生引入社会投资人，为学生找到增值服务人，提升学生的谈判力、选择权。

实践证明，股性金融力量是促使教育回归教育本质的根源性制度，IT 技术则是促使现有学校重构的重要促进力量。只有前者开道，后者才真正有意义。所以，国人目前最重要的是尽快学会用“投资—收益”模型去分析孩子成长的效率，并大胆、积极、熟练地为自己孩子引入“战略投资人”。

1.12　需要什么样的“创业”

创业既是就业的对立面，也是就业的“自变量”。显然，如果没有创业，就不可能有就业。特别是在就业机会稀缺的背景下，要特别提倡创业。从“产业孵化链”来看，现在的创业更应提倡创新型创业。创业正在如火如荼之际，我代表我们团队也旁白几句，与大家共享创业的逻辑。

（1）创“精品之业”

有比较才有精品。投资银行有句话说相关人士或“母子”企业不能搞“同业竞争”，但除此之外不反对一般的市场主体做同类的事。同业可以比较，竞争可以淘汰落后，模仿可以加剧竞争。

“工匠精神”之所以伟大，就在于其并不惧怕模仿，但必须在同行中保持“精品精神”“敬业精神”。调动“身、心、灵”，把握“爱、能、需”，就可能做到具有“工匠精神”。“人有我强”的竞争思维可以淘汰粗糙和粗放。

令人鄙视的是“惰怠式创业”。那就是你干什么我干什么，我通过假冒伪劣赚钱，结果让交易市场“柠檬化”，把整个行业做烂了。这也是造成目前好多行业缺乏诚信，甚至“互戕互害”的原因。

(2) 创“创新之业”

在同业竞争中，难能可贵的是创新型创业。这种创新讲究新材料、新方法的使用，达到更好的效果：速度更快、舒适度更强、污染更小、资源更节约、成本更低、风险更小等。

比如，计算机比算盘速度更快，充气车轮比木头车轮更舒适，圆珠笔比毛笔使用更方便，电话比牛角传递声波更远、更隐秘，电子货币比纸币更节约资源，等等。

运用新手段提供更好的功能，有这种能耐的人更具创新精神，具有更高层次的“工匠精神”。

(3) 创“新功能之业”

如果用新手段改善功能和效率称作是第二层次的创新，那么新功能创新可以看作是第三层次的创新。这类创新不局限于提供更好的“老功能”，而是提供之前所不存在的新功能。

例如，通过基因预测诊断疾病，通过机械衣服增强人的负重能力，通过信息内在换算产生的“内生货币”代替“外生货币”，各国联手寻找外太空居住地以寻求“增量空间”，等等。

《从0到1》的作者彼得·蒂尔是Paypal创始人，是Facebook第一位外部投资者。在书中，他详细阐述了自己的创业历程与心得，是个创新创业大杂烩，但其精髓是说他是一个“新功能创业者”。

(4) 从“-1”到“0”的创业

“三维三螺旋”的“业链维”中，产业的“供应链”是“-1到

100”，产业的“孵化链”则是“从 0 到 1”。那么，从“－1 到 0”则强调的是思维创新！是成长创新、教育创新！教育唯有创新，才能培养出创新人才，才可能有创业的前提和基础。

美国高校一直都在做一个努力，如何发挥人的兴趣、爱好，如何发挥人的潜能天性，如何让人为他人更好地服务。还要结合个人的兴趣爱好与学校的资源禀赋给出恰当的培养方案，并让市场考验学生与学校的选择。

通过增强“自然人的外在股东”来改善人类成长机制则是创新“从－100到－1”的新机制。那些将师生关系经营成师徒关系，将学校与学生关系塑造成“母子”关系的机构，都是强化“自然人股东关系”的践行者，都为解除教育资源的瓶颈创造了条件。

美国密涅瓦大学的意义不可以忽视，沉浸式全球游学，表明了美国在做新时代的“从－100 到－1”的事。中国加油！

（5）创“群落之业”

创新必须有起点、有承接点、有整合点。不仅要有业界的上下游产业的集群生态，也要有“学、研、产”三种“产业节点”的联动。形成“产业拉动”“思维驱动”“资本联动”的群落，创新才会有生态之母的孵化。北京协同创新研究院是洞悉“群落之业的典范之一”。

这种群落生态繁荣的本质是各个“产业逻辑节点”的有机协同。这种协同不是拉郎配，不仅是政策供给，更重要的是节点之间的“自由恋爱”机制，而资本，特别是股性资本则是“联动”“新郎新娘”的媒婆。

协同的本质是分工协作。如果各干各的，上游的创新没有下游的承接，价值不能实现；如果下游的创新没有上游的呼应，下游的创新迟早会日落西山，价值回报也会越来越小；旁侧产业没有创新，就像一群没有异性呼应的光棍汉，永远也不可能结婚生子，生命迟早会终结。

（6）创“大国之业”

亚当·斯密这只“看不见的手”会引导个体不断在客观上实现系统利益。但若超越国家界限，这“款”理论的使用就需要特别谨慎。一个可替代的方案便是反映了“命运共同体”精髓的“产业生命有机体”，摒弃夺利思维，天道酬勤。让不同国家在产业层面整合起来。中国作为一个后起大国，要实现强国梦，就必须自成体系，设计适合自己禀赋和环境的机制，并通过做大全球产业链来实现强国梦。“创业艰难百战多”啊！

大国梦的基础是大国的魅力，大国的魅力来自于大国的“创新洼地效应”：形成一个“思想、教育、科学、技术、产业”五大上下游逻辑节点都堪称“创新旗帜”的圣地。吸引各个国家的精英、产业争相朝拜。才能“不战但可屈人之兵”。

中国需要一批有情怀的有识之士，在国家层面、全球高度上思考创业。并将创新创业纳入国策，防止盲目的创新创业、幼稚的创新创业、投机性的创新创业。

1.13 优化 PPP 教育选择机制的生态逻辑

学生成长的教育合伙人，要涉及国家、家庭、学生、教师、社会等多个单位，要涉及要哪个学生受教育、受什么样的教育、在哪里受教育、为什么目标而受教育……太多太多的选择问题，可谓“教育过程即选择过程”。

国家作为教育的天然参与者，由于出资机制的差异，会与家庭、社会资金形成不同的 PPP 生态模式，使得 PPP 的结构、顺序、规模不同，教育机制也呈现不同状态，教育效率也不相同。

目前，全球教育越来越呈现为“用脚投票”的交易机制。可惜的是我国教育被国内很多富贵家庭“用脚”抛弃，这说明我国教育的服务质量值得反思，政府力量与非政府力量的配置机制值得反思。以下是对教育 PPP 机理的思考。

拟从教育选择的条件、选择的效率、选择的原则、选择的机理、选择的效应、模式的优化六个部分展开。

（1）选择的条件

教育选择的条件是教育选择的先导性事物，主要包括：

①如何选择。

简单来说就是对“爱”“能”“需”的甄别。学生必须学有所爱，学有所能，学有所需。虽说学习可以没有目的，但社会需求还是要适度考虑。学习最终不能脱离社会需求而自娱自乐。

②潜在资源。

有钱要知道如何选，资源选择问题并没有解决。比如，选择者不知道哪里有要选的资源。再比如，要选择的资源比较稀缺，但竞争对手比较强大，学生竞争不到。

③资源对价。

对学生来说，往往资源对价不足，难以支撑其进行教育选择，“开源”以引进“外资”是学生成长的常态主题之一。所开之源应含财政、慈善、债股等多种成分。这是最基本的选择条件。

（2）选择的效率

学生缺乏的不仅仅是资金，更缺乏选择的艺术，有了选择的艺术才有效率，教育才能成功。

①优序选择。

弗里德曼发明了教育券，实则是发明了增大学生选择权的制度安排。教育券就是“选票”，被学生抛弃的学校甚至老师，必然面临被淘汰的可能。由学生投票而形成“教师束”进而形成“学校束”，才是有效的教育资源，“政府→学生→教师→学校”的选择顺序才是有效率的选择顺序。

②股本引领。

学生利用“增资扩股”机制，使战略投资者与自己利益捆绑，扩大“成长伙伴团队”。其中信号、增信两大功能是吸聚各类成分资金的两大引擎。战略资金既具有充足性，又具有以能选人的效率性。从而形成“合伙人—学生”的市场化的教育资源配置模式。

③PPP 抽薪。

所谓“抽薪”指“釜底抽薪”。政府支持教育的资金投放对象应当“抽此薪加彼薪”，即抽“行政之薪”和市场之薪，放弃学校而选择学生。并采用“跟随机制”，政府教育资金跟随股权投向。投股性资金所投学生，则会实现按照效率选择学生的目标。

（3）选择的原则

不同于学生的涉世未深，战略投资者的介入会凝聚成一个团队，使教育选择专业化，选择会更加科学化并有以下四个特点。

①兴趣性。

兴趣不仅是学习的第一导师，也是工作效率的“提升剂”。所谓“工作是生活的第一需要”不只是共产主义社会的境界。兴趣会让人“苦中作乐”，兴趣本身就是回报。

②潜能性。

不仅爱干，还要能干。有兴趣，可以不知疲倦地做；有潜能，才可能做到极致。不考虑潜能的爱好是盲目的爱好。考虑潜能的爱好是事半功倍的爱好。

③市场性。

爱干，能干，并按市场需求干，就会得到社会的货币投票，人生才会实现货币价值。不考虑需求的干是不可持续的干，是自娱自乐的干，是自私的干。

④试错性。

兴趣与潜能都具有潜在性，社会的需求也在不断变化之中，只有在一定的情况下不断尝试，才能找到相对较大的兴趣和潜能，靠近新的社会需求。错意味着放弃与更有效的选择。

（4）选择的机理

教育即是成长，人一出生，就开始了成长之路，此过程中，教育资源的选择存在三种机理，一是自然机理，二是计划机理，三是政府兜底。

①自然机理。

有效的成长就是天性的拓展。什么是天性？兴趣、潜能都是天性。天性的自然拓展同时也是教育资源的扩展与聚集，学校即在自然秩序中形成。这种选择叫作自然选择、“顺向选择”、市场选择。

②计划机理。

有的成长者则很不幸，家中家长越俎代庖；家外有国家、学校、老板越俎代庖。成长中没有形成习惯，没有找到兴趣点，没有挖到潜能。这种选择则叫作强制选择、“逆向选择”、计划选择。

③政府兜底。

国家之间的竞争，归根到底是人才的竞争，国家是所有人成长的投资人之一，因而应有“个人发展账户”作为兜底。一是对市场选择之后的成长者兜底，二是通过劣后形成市场资金的兜底机制。

（5）选择的效应

自然机理和计划机理必然会产生相应的选择行为，形成相应的行为效应。

①自然机制效应。

成长的自然选择机理以成长者的一生为节奏，以成长者的幸福最大化为信号，成长者追求兴趣与体验，以自身潜能的相对优势为原则。因而，这种教育必然是以学生为本，以社会需求为导向，学校只不过是学生所形成的教育资源的聚合化、专业化、特色化结果。就业、创业、“无业”，“业乐家安”，也是成长者自然选择的结果，将会形成“小教育、大学生”的格局。

②计划机制效应。

计划选择机理的本质是供给决定需求，是以学校为本，以分数为信号，追求“GDP”的教育，不同级别学校各管一段，割裂了个人自然成长的节奏；教育价格扭曲、规模失量、结构错配。必然导致教育资源重复建设，造成“大教育、小学生”的局面。

（6）模式的优化

供给决定需求的教育，造成学生负担过重的结果。优化现有教育模式有三种路径或阶段。

①增量培植。

增量改革主要指在现有体制以外形成以销定产，以学生为起点的教育机制，培植禀赋甄别、教育决策等多个泛化教育机构，形成多个人才成长基金或指导中心品牌，课程委托不同高校提供，修满课程后直接获得中心证书。

②存量改革。

所谓存量改革是指在体制内，促进学校的差异化竞争，逐渐将学校变为线下教育整合服务体验中心，其起点是实施同类课程学分互认机制。高校将会形成以课程或者学科为单位的竞争格局，高校将会逐渐放弃或者弱化不擅长的学科，形成学科“比较优势”，高校将迎来自愿瘦身的“大运动”。

③混动模式。

成立“战略综合联盟高校”，重在整合各比较优势类高校，形成综合优势，服务于联合攻关项目。这类高校可以随时解散，也可以稳定存续。理想的结果是形成中国“全球教育总部基地”，形成大大“教域部”。

不过，这种“顺序”教育格局的形成，并非排除政府的影响力。相反，一方面政府可以以入股方式参与“总部基地”建设；另一方面政府可以通过法律来确定政府对教育的否决。通过对这种制度安排，既保证了政府的影响力，也保证了教育的效率。使教育获得一种PPP式复合资金支持与复合管理的高效机制。

1.14　新状元

一年一度的高考刚刚结束，北大、清华创状元大战又精彩纷呈地展开，大家又有话题了。有一个很好的调研报告，讲状元炼成的大数据分析。认为“状元炼成”牵涉到学习习惯、亲子关系、择校、选专业等诸多方面的因素。但是，我们团队认为从状元的内涵到家人的期望，没有超出传统的范围，没有什么新的观点和认知。

“教育塔福模式”仍然强调，信息技术和金融制度技术可以嬗变成两只强壮的翅膀，可以让状元基因升维、突变、良化，看清这一点，中国教育才会真正有希望。所以，在此不想谈大家讲的传统状元的炼成，只想谈谈新状元的特征。

（1）新状元的标准

老状元的标准是高考分数，排第一的就是状元，这样做的原因显而易见，强调的是稀缺下的公正。在教育资源稀缺的条件下，能继续接受教育的名额有限，找一个作为选拔的依据，相对来说分数体现了智力、努力、学习力等多重元素的综合，似乎比较客观且公正。

但是，这种通过高考来选拔人才的制度存在严重的缺陷，形成三大悖论：

一是时空悖论。教育资格以及人才培养看的是未来，但分数显然只能说明现在及过去；

二是标准悖论。成才的标准不是分数，也不是文凭，而是对社会提供价值的能力。就像比尔·盖茨、扎克伯格、马云等那样的人；

三是公平悖论。分数给人的表象是公正的，但实际上这些分数已经异化了：有的人在抢跑，有的人到处补习，有的人用健康换分数，有的人用短期替代长期，这些现象实同“作弊”。同时，资源禀赋也是不公正的，大部分的状元离不开家庭资金的支持，教师家庭出状元的概率明显高。

传统的状元是多重扭曲行为下的产物，是一种违背人性的引导器。人们期待的新状元标准是：兴趣、潜能、社会需求，并全面提升每一个人的“身、心、灵”的修炼水准和个人幸福指数。

（2）新状元的甄别手段

传统状元的甄别手段就是简单化的分数指标，凡是能影响分数的自变量已经被国人挖掘殆尽。这种挖掘已经到了令人发指的地步：

一是应试不断前置。由高考补习班到小学奥数、到学前班、到幼儿园，甚至到胎教。

二是课外活动压缩。整天就是围着记东西、解习题转。与书本斗，与知识斗。上课、培训、家庭作业，形成高消耗、高投入、高污染型、外延型的所谓“毁人式成长模式”。

三是对成长“偷工减料”。成长需要基本素养、专业素养、就业素养的训练。但是大家高考之前弄分数，高考之后找工作，“三养”几乎一个都没有“养好”。

这种挖掘往往使成长者：分数高，身体差，人格差。当然不是全部。

新状元的甄别手段是基于精准目的信息技术，从成长需求方到成长供给方全方位挖掘，形成成长的“超级资源配置市场”，形成甄别、决策、配置、实施、上市、重置六种成长环节的均衡，以解决人才成长过程中的信息不对称问题。从而提升了成长的效率，降低了成长的风险。

(3) 新状元的能量供给

准确地说，旧状元的成长模式在本质上是“靠天吃饭”。我们团队曾采访过一个出生在六七十年代的人，他说：“小的时候几乎没有读书用的课本，经常不能按时到校。有时抱怨，家长则说，瓜娃啊！就怪你没有生在‘富贵人家’呀!”

“寒门再难出贵子”既是真实写照，也成了口头禅。大部分的状元家庭拼的是多重能量供给。

人才潜能本与贫富没有关系，但现在的人才模式是环境资源基本决定了孩子的未来。多少能人被扼杀在贫瘠的摇篮中。

新状元的能量供给不是取决于天然，而是取决于未来。只要大家评估你未来能为社会提供价值，就会有人甘愿为你提供能量。因而新状元的能量源不局限于家庭、家族与熟人，而是面向社会。有的人为你提供资金，有的人为你提供资源，父母只是这些能力提供者中的小小一员。

今后，你不必埋怨命运的不公，你能埋怨的只可能有三个方面：

一是埋怨为什么父母没有与你商量就投资你；

二是父母在你婴幼儿时代为什么没有给你足够的爱，没有让你养成良好的习惯；

三是你自己不被人看好。

眼下，似乎“去杠杆”回归实体是世界经济金融秩序良化的必由之路，但这更多的是一种堵法。产业链的全球视野与国内国际协整思维、发展能与实体经济相融合的金融来繁荣实体经济才是少走弯路的疏法。

“新状元”是减少人才包装炒作，孵化实体经济的不二法门。

旧状元理念下，一将成名万骨枯；新状元理念下，状元之花遍地开。有花（有金融）还怕无果实?

1.15　致准状元

为期一周的招生终于落下帷幕，本书作者之一窦尔翔利用在飞机场折腾的间隙将对新生感慨的“余温”记录下来，以期能为未来的人才成长有所启发。回京的前一天，马教授、贺教授和窦尔翔分别为学生分享了各自研究领域的一些常识，马教授分享的是图像识别的前沿研究，贺教授分享了“大脑皮质荧光屏”的神奇，窦尔翔给大家分享了“金融与你的成长”的一小段祝福。

在窦尔翔的眼里，660分以上，甚至所有参加高考的学生，都是“状元”。他们不是一次高考的“分数状元”，如果是多次考试，不同的学生或许大部分都有可能“中一次状元”。甚至，如果大家说的不是分数状元，那么在某些不同才能方面，人人都可能是状元。

再者，这里说的不是显化状元，而是在兴趣、潜能与社会需求的匹配方面具有最大化潜力的状元。高考标志着人生的自由成长刚刚开始，所有的人都可以在社会需求的“考试”中取得更加优异的成绩。

以下是窦尔翔分享时的部分感言：

祝贺大家选择了北大，这是一个光荣的选择。我知道，志愿选择的本质是教育决策，做好决策需要考虑个人偏好、个人潜能、资源供求状况、未来市场需求等多个因素，因而这是一个十分复杂艰难的过程，祝贺大家战胜了艰难。

纵观志愿选择的依据，会经历专业选择、学校选择、校园文化选择、学校所在城市选择、合伙人选择五个方面。目前大家的选择主要考虑的是学校、专业、城市等方面。北京大学具有兼容并包、跨界融合的文化底蕴，选择了北大，就是选择了基于专业的精深、基于跨界的通识，从而给予你一个前瞻性的、引领性的校园成长的“胎盘般”文化环境。

说到北大的金融，可谓是百花竞艳。有数院的金融、光华的企业金融、国发院的金融、汇丰商学院的金融，还有软件与微电子学院的跨界深度杂交的金融。喜好金融的学子们不妨都尝尝不同学院的金融之鲜，这样营养会更加丰富一些。

说起金融，大家首先想到的是金融的“目的”。金融究竟是干什么的？当然金融首先是造货币，它是一切金融的起点。其次金融是为资金供求者服务，比如让所有的资金需求者都能够享受到自有资金不足但可以从市场上有偿获取资金的福利；也能让所有资金供给者享受到将资金投放出去的福利。

能够换来资金的有国家、企业、项目、资产。还有一个被人们忽视的群体，就是以大家为代表的自然人群体。工作者的投资金融、老年人的消费金融、在座各位的成长金融都没有得到满意的解决。自然人金融的研究与实践还处于早期阶段，市场急需以人为本的金融。

以你们为例，据统计去年60%～70%的状元，其父母都是教师。而且大部分高分段的、自主考试过程中加分的同学，家庭经济条件都不错，“寒门再难出贵子”的话不假。如果有创新性的学生金融工具，所有的学生都将得到足够的资源，我想“寒门”一词将会消失。

说起金融，还要想到金融的“原则”，就是如何规避金融供求双方的风险。金融不仅可以让投资者血本无归，也可能让需求者倾家荡产。金融是个虚拟的过程性事物，大家可能兴高采烈的进入，但可能随之而来的是后悔莫及的风险。校园贷、裸条贷、于欢案、P2P等都是双方“反制力”不均衡的表现。这是一种坏金融。所以，金融的原则应当是“好金融”。

金融风险降低与效率提升的发展，大致可以归纳为三大阶段：一是就金融谈金融的单因素阶段；二是将金融与产业，或者与技术结合起来的两因素阶段；三是将金融、产业、技术三者深度融合，三因素互容、互孵、互赋、共荣的三因素阶段。现在要从第二阶段向第三阶段迈进。

单因素金融阶段，大家对金融与技术的联系、金融与产业的联动认识不足，往往基于金融就事论事，停留在所谓金融理论、金融知识、金融工具、金融企业本身看问题，对金融之道的理解还处于金融器物层面的追求，导致连我在内的大家更多的是“金融民工”。

比如，银行只是忙于负债，敬业于出借资金发起资产，却没有考虑服务对象是否都能得到充足的金融服务，往往普惠性不足；或者投行忙于发行基金，忙于首先公开募股（IPO），热衷于时髦的兼并重组，但投资者的资金往往被圈、被套，融资者金蝉脱壳，理财者则赚得盆满钵满。

基于产融结合的两因素金融，有两个阶段，一个是考虑到资金供求双方特点的金融，一个是符合信用质能联系方程的金融。前者，如点子企业用天使、创业企业用 VC、“发展型”企业用 PE、成熟企业用股票、有抵押主体的企业用银行；后者，如帮助融资方生产信用资源、帮助投资者增强反制力的金融。

基于“IT +”的金融，也有两个发育阶段，一是基础设施的信息化，二是达到“平台中介”替代“组织中介”的新阶段。第二个阶段，银行作为信息中介、支付中介、结算等的功能逐渐衰落，“无抵押金融”“生人与生人之间的金融”繁荣。这一阶段，金融效率达到了空前提升，然而金融风险也达到了空前暴露。这就是人们熟知的 P2P 金融。

基于产融结合、互联网金融、产联网等“三素三边”深度融合的域平台阶段。这一阶段的最大特点，是将信息技术要素与产业要素作为金融腾飞的翅膀，来加持金融，让金融回归有源之水、有土之木的本来状态，促使金融风险最低化、效率最大化。

金融本来就是为人服务的，来到北大、清华等所有学校的新生们，一定会遇到教育资源稀缺的困境，我要奉献给大家的是，新生如何迅速独立成长。

大部分的爸爸妈妈，头上的浓密的黑发大多已经开始稀疏花白，建议还是放过他们吧！不要再成为家里人的“血吸虫”。让他们趁自己还能走动的时候、还能嚼动的时候，享受一下幸福吧！

但是我既反对大家孤军奋战、省吃俭用，也反对大家为了赚钱花费太多宝贵的成长时间。大学是成长的黄金时期，大家要做的是降低机会成本，调动外部力量，以便为自己争取到更多的成长时间。

大家要善于寻找自己的社会合伙人。在本质上，“学雷锋”是一种“德缘式”的金融活动，人人都有一个社会心理账户，那就是“滴水之恩当涌泉相报”。在别人最需要帮助的时候，用最小的成本“雪中送炭”，在你最需要帮助的时候，及时向他人求援。

这需要你大胆地展示自己，让更多的人知道你的特点、你的所求；这需要你主动地挖掘别人，你也更多地知道他人的特点、他人的所求。信息技术已经史无前例地改变着这个世界，大学生都要会使用、创造这个工具，来减少这个世界信息不对称的程度。

你还可以将技术和金融整合起来，将外部投资人与所有成长过程中的价值增长点联动起来，使自己成为被投资人，使自己成为投资人，使自己成为其他投资人和被投资人的服务者。

如果将成长者比作鸟身子，决定你成为燕雀还是鸿鹄的决定因素，就是对应的信息技术和金融技术这两只翅膀，如果你能充分运用这两只翅膀为包括你在内的成长者服务，你将会飞得更高、更远、更快，看得更远、更清楚，判断得更加准确。

1.16　大学的四大价值

高考分数出来后，高考录取又有批次的安排，许多高分数段的学子最先进入择校的兴奋和烦恼。择校是一个头疼的问题，目前在中国择校既简单也复杂、既理性也茫然。

简单的是大部分的学校已经分数化了，北大、清华的总体实力全国一流，因而分数也是要一流的。

这种简单化也给人们带来了烦恼，学生不按分数选学校，似乎更吃亏，会陷入深深地懊悔之中。按照分数选学校、选专业，你照样会像吃鸡肋一样，轻者“食之无味，弃之可惜”，重者学业荒废，精神抑郁。

按分数排名，使得中国的大学同质化严重，让学生营养单一是一个坏的供给侧。在这个阿尔法狗可以战胜人类的时代，哪所高校首先打破分数的羁绊，哪个学生首先挣脱分数的禁锢，哪个企业首先抛弃学校的标签，谁就会首先因为实事求是，因而取胜。

民间教育组织悄然崛起，新的知识传递模式遍地开花，需求者也趋之若鹜。有人说，大学嫣然有被架空的感觉。这向高校敲响了警钟，也向教育管理部门及决策者们发出了呼唤：体制内的落后造成了所谓教育的“双轨”运行，体制内拿标签，体制外练内功。成长资源被重复配置，成长者要“劈叉”了。在此只能吐槽一句：中国人才的成长成本太高了！教育管理部门难辞其咎，中国教育政策的决策部门需要引起重视，采取有效措施啊！

密涅瓦大学致力于向全球最具智慧、最积极进取的学生提供了一种全新的大学体验。凭借严苛的学术标准、科学的教学方法和优秀的师资，利用尖端技术的先进的互动式学习平台，加上四年真实的全球体验，密涅瓦大学将向全球未来的领袖和创新者们提供非同一般的文理科教育。美国教育顺应信息化与全球化趋势，已经在 2013 年正式发令出发了，国内的大学需要奋起直追，“升维超越”！

出人意料的是，成立不久的、民办的湖畔大学和西湖大学，都能吸引全国最顶尖的精英前去朝拜，体制内大学做何感想呢？在国外，辍学者做出了改变世界的贡献；在国内，并非名校生却屡屡做出了惊人的成就，体制内大学做何感想呢？

由此可见，教育理念的提升时不我待。不管是学校、管理部门、决策者，还是“可怜”的家长和孩子！

在这里，我们团队愿意给莘莘学子一些可行的关于选择的建议：

(1) 自主空间

自主空间，就是发现兴趣财富的过程，就是发现潜能财富的过程。

“三岁看大，七岁看老”在提醒人们，0 ~ 7 岁是人生十分重要的时间段。熏陶、示范、习惯……这些潜移默化的营养十分重要，然而大家却早早开始了高考模式，背唐诗、上课外辅导班……这些拔苗助长的手法，将孩子赶上了“养猪生产线”“香肠生产线”，学生只有适应，没有选择。

到了大学，学生们好不容易有了自主抉择的空间，这是对高考原罪最后的救赎机会，但很多高校对学生管理和教学不够精细，满堂灌、整齐划一的要求、考试划范围的现象十分严重。

（2）试错空间

人的一生都在试错，人成长的过程就是不断试错的过程。调皮的孩子长大以后容易变得安静，经历过大风大浪的人会变得气定神闲。因为经历是一种试错，试错本身就是财富。

大学生要通过各种社团、各种课程、各种表达积极试错，看自己究竟善于吃哪一碟子菜。一个大学，如果将课程微积分化、学分制，什么课程都可以选，考多少次都可以，唯以结果论合格，那将给大学生多么丰裕的试错财富啊！

（3）素养空间

通识教育是国内外较为认同的教育模式，通识教育在重复训练学生哪些相通的素养？这需要具体化。这些素养可以分为基本素养、专业素养、职业素养。

学生背景不一、心性不一、志趣不一、节奏不一，这三种素养的结构不同，学校唯一能做的就是提醒。

（4）触觉空间

触觉的空间其实是落地空间，人出生并离开母体后，触觉是人的大脑了解外部世界的通道。只有扩大触觉的范围，加大触觉的深入度，大脑才能发育。凡是人类存在的就业空间，都应当尽力让学生有机会参与，不管是政治、军事、外交、文化、商业、法律、医疗、慈善等，包括乡村与城市、不同的国家等。

总之，做大学生的选择之池是高校应有之义，自主创造选择机会则是学生成长的应有之义，选择本身就是财富！

1.17　大学排名新方法

一年四季，大家都会收到很多有不同机构牵头实施的大学排名，排名靠前的学校纷纷激动地奔走相告，转发传播，在此为这些老师的集体责任感和荣誉感点赞。

但是，这里也有几个问题要提出来：

第一，这个排名是用来做什么用的？

是排名单位用来挣钱的？还是用来作为上一级管理部门拨款的依据？是作为大学生择校的依据？还是作为用人单位选人的依据？

第二，排名指标的有效度合适吗？

排名总要找到依据，但是太过繁琐往往难以达到有效比较的效果。简约化是一个保证有效性的做法，但是通过简约化的标准就将一个大学排在一个固定的位置显然有失偏颇。

第三，归根结底，谁应评价大学？

"鞋子合不合适，脚知道"。评价大学首先是学生，其次是家长，最后是用人单位。但归根结底，学生应当是评价大学最有发言权的人。但现在都是教育部在评价学校，那是管理评价，不是市场评价。

第四，评价应当包含哪些内容？

以往的评价一般指学校的资源条件，比如多少院士、多少长江学者、多少经费、多大的校园。但最本质、最有意义的评价应当是学生的体验、学生的成长力。

要正确认识大学排名，需要明白两个问题：

一是，要弄清学校供给方与学校需求方的关系。

从学生与学校来看，一般是"来料加工关系"。智慧的学校会利用教育的教化属性，将自己与学生做成投资与合伙关系。

从学生家长与学校的关系来看，是投资人委托学校对学生进行"加工"，可以看作是家长外包，而学校开展"来料加工服务"。

从用人单位与学校的关系看，是属于生产性需求方委托学校加工人才，可以看作是用人单位委托投资人，进而投资人委托学校加工人才，或者用人单位直接委托学校进行人才加工。

二是，大学没有全能冠军。雌性和雄性向来都是异体存在，尽管有可以共同比较的指标，但归根结底不好说雌性第一，还是雄性第一；而应该说都是第一。

我们团队认为高校应当进行三个层次的指标刻画，将简单排名上升为信息揭示：

第一层次，资源揭示。

包括历史、理念、模式、师资、藏书、住宿、后勤服务、实验室、校园文化、教师科研成果等，这些都可以继续细化。

第二层次，过程揭示。

包括学生专业、师资、社团、学制等选择的自由度体验；师生关系体验；情绪治理体验；学生学习、研究、创新、创业的环境体验。

第三层次，结果揭示。

结果是检验水平的标准之一。退学率、（比尔·盖茨及扎克伯格类的）肄业率、抑郁死亡率、校友成长情况等，特别是校友与学校之间的正反馈度。

总之，不科学的大学排名，如同当地政府的 GDP 排名，会带来浮躁、误导、偏谬。

1.18 高考的衰落

我们团队有两个人都多次参加高考招生工作，好多的事都在变，没有变的，是高分学生对北大、清华的憧憬，以及北大、清华对高分段学生的青睐，还有一考定终生的不公平。从教育决策过程中家长与学生的分歧看到了教育主体的觉醒，也感受到了高考制度若不改革必将遭遇被“用脚投票”的衰落。

（1）惊喜了还是抑郁了

曾经碰到过一位据传可能考到 710 分的高考状元，但可惜的是出来的分数却与北大无缘。大家应该感受到了这位同学的失落与抑郁，也感受到了不少名不见经传的学生的惊喜。每年都有这样的现象：那些大家看好的学生没有考好，那些被看走眼的学生却考出了好成绩。

这说明什么问题？是北大、清华的眼神不好吗？是考生发挥失常或是超常吗？是高考试题出得不科学吗？答曰：都不是！那问题在哪里呢？明眼人都能看清楚，那就是一个简单的数学问题，统计样本不足。

若不计成本，足够次数地考，然后去“去掉一个最高分，去掉一个最低分”，算那个平均分。若只考一次，如果让算卦先生给考生们另看一个考试的日子，甚至改变一下考试的钟点，或者让出题老师改动一下试题的结构，考生的相对名次就会发生惊人的变化。

不要抑郁，一次充满偶然性的考试不应摧毁你的自信，那不是你的错，是简单的人才甄别机制的错，是擅长借分数机制来吮吸商业利益的商家的黑心的错。

不要沾沾自喜，这个分数含有太大的偶然性，分数高不是说你就能成才，而是你的运气好。你是不是人才，还要看你能否用好这块“大馅饼”，你到底怎样，让社会来检验你吧。

（2）选学校还是选专业

很多学生在北大和清华这两个学校中间犹豫不决，每一个学校都像孔雀开屏，在展示自己的魅力，任何带有“王婆”特征的路演都可能会让学生迷惑。

大家应该感受到了学生的摇摆、挣扎、痛苦，甚至痛哭，也感受到了家长与学生之间的对峙。这种现状一方面让大家感到现在我国的整体教育水平大幅提升，学生和家长已经对教育决策比较看重，而且有了一定的认识水平；但这种在两校之间过度纠结的程度又让人觉得学生和家长仍然处在小作坊式的决策水平上。

学生痛苦的原因，除了两校竞争的同质化外，还在于没有充分地了解学校和自己。了解学校，不仅是了解专业，更重要的是学校作为“成长胎”的“胎盘文化”；了解自己，不仅是自己的爱好，还有潜能，更有自己的成长节奏与社会需求的共振度。

文化实力才是软实力，不是简单地选学校，浮躁的排名炒作、概念炒作都会让你没有后悔药。有人会说，我爱我的母校！你想想你被人贩子拐走，卖到“山沟”里，生了六个孩子，你能不爱你的孩子吗？

专业靠不住，每年都会发布“中国即将消失的十大专业”，今年照常有。学校的专业供给是幻灯片，市场需求才是电影效果。学校与市场的隔离是造成学校专业滞后的原因。

(3) 是选分还是选人

北大好还是清华好？就如同在问爸爸好，还是妈妈好？黑天好，还是白天好？是的，正确的情况应当是清华、北大各有所长，都好。然而，现实却不是这样，两个学校越来越走向同质化，每个学校都似乎成了“超级百货场（厂）”。导致两校招人的结构趋同，唯一的区别就是分数了。

作为评论者的群众是不专业的，大家认为如果哪个学校录取的最低分或最高分较高，谁似乎就更牛一些，就如同比较父母看谁个头更高，谁就更有本事一些，当然是错误的。但正是这样的错误，诱导北大、清华谁也不肯做分数上的落后者。

其实，几乎所有的高校，都首先要考虑分数这个可比性强、同质化强的指标。高校何其苦，更何其尴尬！大家都知道母校这个词吧！两位母亲身份的人被迫在舞台上表演，向孩子示好，希望孩子能选她为母。孩子指指点点，评头论足，甚至还趁机“要价”。

通过学生的分数来说明自己的尊贵，就如同一个国家通过自己疆域内黄金的储藏量来说明自己伟大，或者像一个时装店卖弄自己进来的布料比较好一样。可是，学校如同国家、企业一样，归根结底是一个生产单位，重点不是看抢原料的本事，而是要看能生产出什么产品。一位大胆的专家曾说，学校“聚天下英才而毁之”，而真正的好学校则能“化腐朽为神奇”。

(4) “好割据”还是“爱融合”

现在的高校，特别是同一能量级的，容易产生应激性竞争，甚至是你死我活的竞争。都想大而全，都想在各种可能的指标上排在前面，包括治安标兵、文明校园、绿化单位、教学评估、第三方排名……

这是典型的牛头不对马嘴的割据机制。一个学校好不好，到底看什么？当然看对学生成长的综合促进作用。一个学校好，到底谁说了算？当然既可以是教育部，也可以是学生、家长、用人单位。怎样的大学才是好大学？专业化、互补式的大学才是好大学！

北大元培在通识教育基础上的专业任选，如果再能加上从大学内部打通“院系割据”的革命因子，如果能让所有北大学生享受这个待遇，学校将会逐渐形成具有不同特色的教研单位，院系存在不过是优胜劣汰、差异化扩张的结果。

如果高校录取的标准可以多元化，如果这些标准的判定过程可以透明化，如果高校的课程都可以通选互认，如果高校的课程不仅是一门整体课程，而是分为元素性训练项目，那么高校将经历一个极其激烈的竞争过程，但都是一个良化的过程，澎湃之后将回归工匠般的沉静。

（5）自革命还是被革命

教育归根结底是一个围绕个人成长而进行的资源配置过程。新教育具有如下共性特征：

一是学生才是真正的主体，而不是教师、学校、教育管理部门。

二是重点不是考虑招收质量，而是要考虑成长过程与成长结果。

三是要有一个客观的记录系统，才能对成长程度进行全面、公正的刻画。

四是互联网为教育市场走向融合统一提供了资源配置的条件。

五是线下功能只不过是对线上功能的配合。

六是人才成长要深度引入人才投资功能。

各自为政、画地为牢、五脏俱全的大学传统模式是有悖于当今信息化程度的落后模式，如果不及时改变，教育需求者将会放弃传统教育，进入自由竞争配置的现代成长模式中。新教育模式必然走向“云身结构”，开域之人将在帮助各类教育供求各方繁荣的同时实现自己的情怀，并得到价值这个副产品。

由此可见，传统的高考会迅速走向衰落，一个全新的人才识别、培养、记录、揭示、运行机制正迎面走来。

1.19　“教域部”

一提起“教域部”，很多人以为是“教育部”的笔误，其实不然。如果你明白了发明“教域部”这一名词的背景，洞悉了它的机理，知晓了它的效用：你就会迫不及待地加入它，因为他是你成长的风水宝地；你会豪情万丈地秀这个词，因为它是中国人的专利。

（1）背景

提出“教域部”基于以下四大背景：

①国人“用脚投票”中国教育，在财富流失的同时，教化权也一同流失；中国必须构建一个既有自主权，又与世界相融合的教育模式。

②内引外联的国际办学模式要防止重蹈“市场换技术”的覆辙；要真正地把“教育技艺”换进来，作为元素激发出具有中国自主“教育技术”知识产权的东西。

③“一带一路”倡议下的人才培养，应当通过全球性教育市场来完成；教育国际化存在梯度传递规律，构建融合性教育平台是问题的关键。

④跨界杂交的时代，教育也概莫能外；不能就教育谈教育，必须将降低信息不对称后的信息业和为教育提供能量的金融业引入“教育平台”。

（2）定义

所谓“教域部”，就是通过技术、金融与传统教育的基因杂交，使传统教育“变性”形成新的教育生态物种，学名叫作“教育塔福模式”（或者叫作“泰福”，英文简写 TEF），俗称“教域部”。

就技术来说，“教域部”是基于互联网的虚拟市场；从金融来说，“教域部”是以效率为引导的资源整合市场。这样，教育、技术、金融三大元素会形成一个三位一体、互润共赢的域。

（3）机理

信息技术对教育的贡献在于链接（互联网）、信息的收集与处理（大数据、云计算）、信息的真实与保真（区块链）、信息的驱动（人工智能）、人机信息交互（可穿戴设备、VR、AR）。可以提升教育的均衡量、灵活性、精准性。

金融对于教育的贡献在于通过“劣后”或剩余索取权安排，提升教育选择的信号功能、信用风险的控制功能，为教育参与方提供丰裕的资源。

通过数据挖掘、资格登记、福利等级、惩治措施，形成“域效应”，打造“物以类聚，人以群分”“三信（信息、信任、信用）”充足的“根据地”式交易平台。

（4）特性

①市场性：“教域部”是一个基于获利的教育交易市场，自愿、自由、平等，开域者也是自愿自主的。可能会基于教育的分工细化形成各种不同的“教域部”。这些“教域部”也可能会经历百花齐放、兼并联合的市场发育过程。

②非特许性：正因为开域主体以及域中的交易者都是自主的，因而所有的主体不需要经过国家特许而存在。官办“教域部”与民办“教域部”可以并存，按照竞争原则形成行业生态。

③扩张性：一个能产生良好体验、“三信”效能高的市场是能不断吸引粉丝的市场，具有良好的扩张性，这个扩张不分民族、男女、老少、内外，最终会覆盖全球。

（5）趋势

①“教域部”的魅力在于它具有顺应历史潮流，加速成长的趋势。信息技术的飞速发展，加速了所有产业性态嬗变的速度和深度，加大了人们认识事物的竞争性。“教域部”则为男女老少提供充裕的成长资源。

②虚拟世界扩张趋势。信息技术的发展，使人类活动越来越突破时空情境的限制，虚拟市场将是人类面临的蓝海市场，“教域部”强调教育产业的“功夫”环节的虚拟市场。中国不仅要在实体世界搞“一带一路”，更要在虚拟世界搞“多带多路”。

③金融普惠趋势。金融是万业成长的制度装置，金融不仅逐渐加大、加深支持自然人的成长，而且金融的创新、变革也开始尝试担当社会的责任、慈善、政治等功能。“教域部”以人的股性金融为切入点，激发联动各种性质的资金，拓展人本金融的普惠性。

④共享机制趋势。信息技术的发展，改变了人类活动的信息环境，人类的资源配置水平将会大幅提升，在配置信息和配置能力两个关键问题都能解决好的前提下，教育资源将会得到共享式的配置。“教域部”正是充分挖掘所有教育资源的价值，并促使价值转换的制度平台。

1.20 云浮市人才共享模式

以 Airbnb 为标志事件的共享经济的到来，为人们提供了一种“深度资源配置”的思维方法，这种方法从“共享”的视角启发大家去寻找人才配置、人才生产的科学方法。

此次广东省云浮市的服务调研中，印象最深的是云浮市的人才共享战略。对于人才，“不求所有，但为所用”，这一点，云浮市各级领导都有清晰统一的认识。在与李部长、陈局长等领导的交流中，大家又碰撞出“人才过境”“思想过境”的创新名词，并在调研报告中，提出了基于人才产权细化的“多态共享模式”。

(1) 共享经济的前世今生

共享经济的前提是产权的细化。现实中，早已存在太多的产权细化共享的例子。广义来看所有的借贷行为，包括借钱、借物、借人都是一种使用权出借的“共享经济”。

出租车业务就是一种典型的经营性产权共享模式，与此不同的是，滴滴打车则是消费型资产转为经营性资产的共享模式。滴滴曲折的发展历程正是这个“转换”所导致的。

类似的还有，酒店属于典型的经营性资产的产权共享模式，Airbnb 则是将消费型资产转化为经营型资产的共享模式，之所以在欧洲引起不爽，是因为它蚕食了不爽者的生意空间。

如果说以上是跨期产权共享，那么股性合约则是不同主体对同一对象的同期产权共享，而股性合约中的投票权、经营权、索取权在不同主体之间的配置，则是股性合约非同质化的更加个性化的共享经济现象。

(2) 人才共享的逻辑

人才共享现象早已有之，拉长工、打短工、现代企业雇佣制度都是人的使用权的共享。其中，一个人被两个主体共享，一个是被雇佣者本人，一个是雇佣者；一个是所有者本人，一个是使用权购买者。共享的表象是人的时间，共享的内容是人的体能与智能，共享的本质则可以抽象为两种元素：一个是能量，一个是信息量。

这两个“量”为人才共享提供了演进方向。

当技术可以为信息的配置提供条件时，就会出现新的人才共享模式，比如，网上可以进行多份兼职。商标设计、音乐生产、远程医疗、合作编程、MOOC等，都是以信息传递技术为前提的信息资产共享形态。其实，人工智能可以理解为机器动力与人类智能的合作，相当于人的智能的共享。

已经有越来越多的“机器智能+人体能”的合作模式，比如聂卫平可以让类似于阿尔法狗的智能机器人“垂帘听政”。随着信息技术的进步，单个信息会融合为综合信息，个人信息会融化为社会信息，个人大脑必然会整合成人类大脑，形成诸如高德地图那样的信息上帝，指挥人们的行为更加有效、幸福。这表明，信息共享，导致了人的能量共享。塔台是个信息共享形态，而飞行员的能量也被共享了。

当人们能在概念上辨识出资产新功能形态，在实践上能促成这些形态发挥其功能的时候，也会出现新的人才共享模式。比如，声誉、专利、思想、观念、知识都可以相对独立地表现为人的资产的不同功能形态，那么人才共享当然可以就此展开。

(3)“过境模式”

人是终生成长的动物，因而人的工作环境需要遵此规律而转换，这是一个人随着年龄的增长，升职、跳槽、换单位、改行的原因所在。广东云浮市人社局的领导发现人才、培育人才并积极支持人才流动，不仅是一种胸怀，更是一种符合人才成长规律的理性。

如果将在云浮某部门工作这一段时间看作是人才不同滞留周期的“过境”，那么当这个周期不断缩小，乃至缩小到几个月、几周、几天，甚至几小时的时候，人才使用模式就会发生性质上的改变，实现“用人制度的供给侧改革”模式创新。这会吸引具有不同“合作禀赋”的人才聚集云浮，让智慧资源最大限度为云浮所用。“幡动”源自“心动”，产业的繁荣来自智慧的繁荣。云浮岂有不繁荣之理？

一旦能建成一个声誉、专利、思想、观念、知识的有效通道，云浮的过境模式将会再次升级到“声誉过境”“专利过境”“思想过境”“观念过境”“知识过境”等人可以不来现场的多态过境模式。如何辨识产权资产的有效性？我们团队的建议是人才塔福模式。

（4）从存量共享到增量共享

人才的存量共享指的是人的雇用或合伙。人才的增量共享指的是人力资本的积累。这种积累有两种模式，一种是把教育当作一种产业，一种是人在“干中学”的人才资本积累。

对于前者，教育必须突破固有的时间、地点的限制。教育是终生的、地点是无处不在的，这显然是基于教育需求方的需求，一旦视角发生变化，自然就突破了时空的限制。不仅如此，人的成长本身是一个独立的研究对象，该产业的孵化是最主要的部分，包括师范教育、培养创新、培养创业，这一点中国做得不够。

对于后者，人在产业孵化与成熟产业的供应链中不断成长。在产业孵化中，所谓的学是除师范教育以外的产业人才的培养，接着是与某产业相关的产业创新，最后是该产业的创业人才的成长。

第2篇　成长的资本化

2.1　人的成长与自然人金融

本书的前文反复强调要将教育理论反转成“成长理论”，就是要从教育的需求方出发，进而从教育需求方的全“产业链”出发来更加本质地认识教育范畴。即以生命周期来看，一个人要经历“六胎”，从产业环链来看，教育是产业生命链的第一个环节。

从成长理论反观教育理论，会发现不同年龄段的学校教育与同一年龄段的不同学校只不过是学生阶段幻灯片式的播放，这样的幻灯片容易出现间断、重复与同质化缺陷。我们团队的任务是降低这些缺陷的严重程度。

但无论如何改善，教育理论也难以提醒人们对工作者与养老者的成长问题给予足够的重视。尽管高校存在各类在职培训项目、老年大学项目，“终身教育理念”也不如“成长理念”更能促使人们从自然人提升的角度落实成长活动。

总体来看，人们促使自己以及关系密切者幸福的过程就是不断成长的过程。

理性地看，人类幸福是人对环境的体验。在环境不变的情况下，人力资本的多少会极大地影响体验的价值评判，人力资本积累越多，幸福值越大。

舒尔茨所说的人力资本积累过程，包括教育发展、技术培训、医疗保健、迁徙转移等若干方面。

所谓环境，可以抽象为诸如现金、实体、证券、信贷四种资产；所谓体验，可以是伴随四种资产运营过程的体验，也可以是纯粹的消费型体验。

按照目标、资源与需求特征，人生可以分解为学生、工作、养老三个阶段，每一个阶段的幸福不仅要相对独立地看，也需要联系上下辈以及自己的不同年龄段来看。

就目标来说，如果简单用一个公式来表达就是：幸福 = aX + bY（a + b = 1，X、Y 分别指运营与纯粹体验）。比如，就作为消费性质的纯粹体验来说，学生最少，工作者较多一些，养老者则最多；运营则反之。但随着长寿与观念的转化，老年人的运营占比有后推的趋势。

就身外资源来说，学生的最少，工作者平均最多，老年人则介于其间，呈现为近似倒“U”字的形状。因而，学生最需要帮助，老年人次之，工作者则相对较少。资源的稀缺会减小人生运营的空间，金融作为解决运营资源稀缺的工具，值得自然人关注与运用。

但在此要强调，往常人们对债性合约的运用比较熟悉，对于股性合约的运用却缺少认识。典型的股性合约的制度效应有两个，一个是风险共担；另一个是提供增值服务。这恰巧与自然人的资源禀赋特征是吻合的。

伴随着科技快速切入生产生活，国际化的猝然深化以及复杂化，国家治理难度的不断增大，个人成长所涉及的运营难度与体验难度也在增加，“活着”成为一门学问、一个专业，而活得好则只有借助于与人合作，才能减小成长风险，实现人生幸福。

其实，即使在不同年龄段内部，由于不同人的家庭出身、人生坎坷经历、性别、职业等不同，都需要个性化的帮助者或者“合伙”者，如果能开发出相应的金融工具，形成一种容易被人们利用的动力机制，就可以有效地促进供求双方的链接与交换，就会在社会微观层面上形成创新的PPP（Private-Private-Partnership）机制，这不仅会增进个人与家庭的幸福感，也会降低社会的管理成本。

这种配置需要更加广阔的市场，好在互联网技术的提升和推广应用拓展了市场的广度和深度，为产业虚拟社区的形成创造了条件，也为人们通过股性效应纽带发现不同年龄段所需要的资源共享机会创造了条件。

2.2　人本金融的理据

所谓"理据"，指的是"语言中表示事物、现象、观念的词的构成依据"。所谓"人本金融"指的是"以人为本"的金融，即金融要为人类切实服务，而不是给人带来伤害。也就是说，自然人在人力资源积累中要得到有效服务。

那么，"人本金融"的理据何在呢？

（1）投资理念

人的发展也是一个"投入产出"过程，是一个从货币资本、生产资本、商品资本到"生活资本"的"资本嬗变"过程。因而，要以投资理念去理解个人的教育问题、成长问题。之前那种过度强调教育是公共产品的态度不仅会造成教育资源不足，而且主要会造成教育难以超越"小作坊"的业态水平。这正是中国"教育落后"的根本原因。

按成本引入外部资源，并按照净现值大于零的原则做成长决策，是市场条件下的理性决策。如果将初生的人看作原料，只要加入其他原料加以组合，就会产出"1+1>2"的效应，就如同从沙中淘金，投资于人就是投入精力淘金。

一个国家若是擅于人的投资，并构建一套有效的人才投资理念、理论及实践模式，在越来越多的方面，"人定胜天"也不是不可能的事。

（2）合伙理念

人的投资就像“种玉米”，必然会遇到资源不足的问题。如果只缺资金，可以引入政府补贴、社会捐赠、民间融资。但更加关键而有意义的问题是农民不知道玉米销量如何解决？价格风险如何规避？那些无法解决这些“超资金”问题的农民只能做“小农”，而那些具有市场眼光、产业链思维、风险把控能力的农民才有能力将农业真正当作生意去做，成为农业商人、农业资本家、农业金融家。

人天然是需要别人投资的。人得靠父母生育自己，因而人的原始合伙人是自己的父母，父母便是原始股东。随着年龄增长，自己的“股东地位”不断提升。在人的成长上，大家常说“外因是条件，内因是根本”，这听起来没错。但许多研究表明，个人后天的成长受早期环境的影响十分惊人，因而几乎可以说“外因同样是根本”。这个外因是“娘胎”与类似于胎盘的“社会胎”。当父母无力提供足够资源的时候，理应引入市场合伙人，为人的成长提供“超金融”功能。

（3）终生成长

俗话说，“活到老，学到老”。人们以前主要重视“学”字，但更重要的是应当重视“老”字。它揭示了人们成长的目标决定机制是“期限决定目标”。我们团队的窦尔翔教授上大学时，锻炼得满身都是肌肉块，认为引体向上一口气 50 下、400 米以内要拿第一才算是身体好。现在看不是那么回事，因为如果万一像专业运动员那样锻炼过度，可能在年龄大时会感到痛苦。按常识，一般人都随着年龄的增长不断调整自己的认知和选择，这其实是在根据周期调整自己的评价模型。之所以“人之将死其言也善”，是因为死时才完成了生命的“实践周期”。越是年轻，模型周期的预期偏差越大，决策越是失误、失误。

确实，人生犹如马拉松，前一个行为始终是后一个行为的自变量。而大家要的，归根结底不是自变量，而是因变量，因而就有了“人生要试错”“盖棺才能定论”的通俗认识。学习好不一定实践好，不要将概率关系变成定论关系，否则学生就会变成“孔乙己”，国家就容易盛产“书呆子”，教育机构（学校）就容易异化成“文凭印刷车间”。

总之，人的成长要走出年龄的羁绊，更要走出学校这个圈子。

（4）以人为本

以人为本的对应词是“以物为本”“以集体为本”。但这并非是说“以人为本”就是要放弃“物”与“集体”。相反，这里强调的是“人与物”“个人与集体”的“互济”“相润”“共融”。这牵涉到发展的根本目标问题，人是所有“非人”目标的落脚点。

毋庸置疑，没有身外之物，人连活命都不可能，更别说其他的了。“一分钱难倒英雄汉”“仓廪实而知礼节”“发展才是硬道理”。但“求物”是为人，如果追求 GDP 却破坏了人居环境，反过来就会损害人；同样，有的人为了挣钱损害了身心健康，终究还是得不偿失。所以，我们既需要青山绿水的发展，也需要身心健康的个人奋斗。要在“物”与“人的总幸福”之间寻找平衡。

革命战争年代与国家建设初期，百废待兴，人才稀缺，我国实行的是“计划使用”，相当于“国家需要决定个人偏好”。目前，我国经济告别了“稀缺时代”“粗放时代”“总量时代”“速度时代”，进入了“过剩时代”“精细化时代”“结构时代”“耐力时代”，集体的耐力取决于个人的耐力。如果个人的职业选择与自己的潜能禀赋相吻合，就能客观上成为“高精尖”人才。同时，选择自己有兴趣的事去做，“低工资就是高工资”。

如果能做到“物为人在”“做自己能做的”“做自己想做的”，人的成长就是绿色的成长，国家就是充满幸福的国家，发展才是全面绿色的发展、幸福的发展、有耐力的发展、持续提升的发展。

人本金融的理念为人的发展奠定了理论基础，有了这个理念，人力资本作为“硬币的正面”，会得到坚实而生生不息的积累；人力资源则作为“硬币的另一面”成为用人单位不用监管的低交易成本的好资源。

然而，仅仅有理念还不行，还应在“三维三螺旋”落地模式的指导下，联动足够多类型的力量，将人的成长置于各类产业生命链的市场需求中，利用金融技术与自然技术加以有效孵化，中国人的“质量”将会有令人惊奇的提升，中国人的成长模式，也将会被“洋人”追捧。

2.3 构建你的成长函数

和所有的动物一样，人的成长力也来自于两大源泉，一是遗传，二是学习。这两大源泉交叉互促，人的水平在不断提升。人要经过两个“胎”阶段，一个是“娘胎”阶段，另一个是“社会胎”阶段。从人的能动性来讲，人在第一个阶段，往往采取“懒汉成长模式”，在第二个阶段，才较大程度地采取了“积极成长模式”。

下面谈谈“积极成长模式”的构建问题。积极的成长模式贯穿人的一生，18 岁之前主要学习如何成为一个合格的人，18 岁之后主要学习如何为社会提供价值，退休之后主要学习如何有效地消费剩余资源，做大“残值”。这样才能达到今天幸福与明天幸福的均衡，达到人生幸福的最大化。

成长是一个技术活，幸福最大化的成长离不开合伙人的帮助，超越学校的思维，获得成长生态的孵化。

(1) 寻找合伙人

甘肃有个母亲弑子了结尘世之缘，源于孩子成长的困境。如果母亲有合伙意识、合伙资源，非但不会有这个悲剧，说不定孩子们还会出落成明星或者诺贝尔奖得主！物质贫困是外因，思想贫困是本因。

合伙，就是两人或者两人以上的群体，发挥各自优势，一同去做一些“1 +1 >2”的事情。它不仅可以应用在生活中，也可以应用在工作和成长上。合伙可以私下进行，也可以通过法律加以明确。既可以无限合伙，也可以有限合伙。可以“以资相合”，也可以“以人相合”……合伙百变灵活，效用大大，就看你能否妙其之妙！

合伙具有重要的成事功能，有利于社会稳定，可以实现价值共享，有利于效率提升，可以实现生产联合。合伙既可以是生产和消费分化的深化，也可以是生产和消费融合的升华……合伙功能何其神！

家庭是人类典型的早期合伙架构，比如，男女合伙，不仅解决了种的繁衍、“性的批发”，还解决了生命的互助问题。人的生命节奏可以动化为老、中、青三个阶段，家庭则是老、中、青三代合伙的外化形式！

家庭合伙，关系复杂。为什么说，清官难断家务事？因为家庭作为自然团体和法律团体的一体化，成员之间的关系究竟是共享关系，还是生物本能？是债务、股权关系，还是德、情、法的关系？真是转身可变，难说难断啊！既然如此，有时候说清楚是智慧，而有时候糊涂才是智慧。

但有一点可以明确：父母与子女之间是典型的股权关系！“养儿为了防老”俗语背后的潜台词是“防老得先养儿”。在家庭中，父母和子女“互相持股”，荣辱与共。早期的家庭是人类自发的行为后果，随后则是一种自觉的制度安排，现在已经是法律层面的制度安排。

研究表明，年龄越小，孩子的成长越重要，父母作为投资人的能力越重要。父母作为投资人，不仅需要投入情感呵护，还需要促其习惯养成，需要提供资金支持，更需要调动成长资源。然而，家长的能力千差万别，尽管“老子英雄儿好汉”有些宿命成分，但确实表明“拼爹模式”成为全球流行成长模式的逻辑所在。

如果“爹”不能为你的成长提供足够的资源该怎么办呢？从超系统的资源潜力来说，从个人的幸福成长最大化效应来说，就应当引入“市场合伙人”来弥补资源差额。这个模式在市场中早已存在，“桃园三结义”“拜干爹干妈做干儿女——明星人才养成基金”……在此，我们团队所提倡的是“分成制人才养成基金”，为你寻找一个“法缘式”的成长合伙人！

(2) 超越学校域

大家知道，当今的学校教育有如下特点：

第一，作为一种正式的制度安排，需要国家进行资质认证。

第二，场所稳定。教学活动一般在校园开展，校园有形有界而固定。

第三，计划教学。有明确稳定的培养方案、教育计划。

第四，规模化与同质化，教师、学生，一对多式教学。

第五，自产自评。学校自评自己“生产”出来的学生的合格性。评价单一。

第六，时间固定。一定内容的课程在特定的时间段讲授。

可见，传统教育具有“三点不共线”“两对不均衡”“一副霸王态”的特征。向前看是学校塑造服务的统一化供给与学生成长的个性化需求之间的错位；向后看是学校对市场诉求缺乏快速反应的产品供给与市场多样化用人需求之间的错位；在学生、教育机构、市场之间，教育处于霸王地位，学生成长“教育”说了算。

教育的这种状态是国际国内的常态，只是轻重不同而已。其成因，不应该简单归罪于任何与教育相关的个人或者机构。可能更多的原因在于人们并没有足够地弄明白教育究竟为何物，教育的生命链应该是个什么样的，教育的交易架构应当如何评判。

但大家起码可以知道，教育是个信息事物，因而可以推理，信息技术的运用一定会对教育生态具有促变作用，事实确实如此。目前，因为信息技术与教育的深度结合的产品如雨后春笋，比如 TED、MOOC、智慧校园、微课程等，教育形态开始发生重要的变革。

这些变革的本质就是竞争机制的成长：信息化促成学校与学校、老师与老师、课程与课程、内容与内容相互联通，形成一个相互比较的市场。这些供给元素之间产生了竞争效应，这会促使竞争者不断回归禀赋，形成专业化的竞合秩序。目前这个市场还在完善之中，但竞争效应开始逐渐加强和显现。

基于信息技术的教育，目前只是实体学校的补充阶段，不会对现有教育体系产生太大冲击，相反，智慧教育会逐渐引导实体教育拥抱趋势，绿色转型。

(3) 教育新生态

科技可以改变人生，优化制度。可汗学院通过互联网，为教育信息化打开了窗口，为教育变革提供了动力。其实教育革命的幅度还大着呢！要获得真正健康有效的教育，需要有人持续推动教育的变革，这个人不是别人，正是成长者的爹爹、“明星的干爸”、人才投资基金！

如果各位的爹无所不能，没有哪一个爹反对为儿子构建一个更加有效的成长系统；如果一个人的成长资源足够充裕，他可能会通过幸福感、偏好、潜能、社会需求等多个因素的平衡来决定自己的成长；如果成长资源充裕，有专业机构的支持，学生必然会获得与学校良性博弈的制度安排，学校的心态、业务模式会发生惊人的变化；学校也将获得人格化的成长机会，干自己爱干的，干自己能干的，拥有自己“用心投票”的粉丝。

这样，以学校为核心的教育生态机制，将转化为以学生为核心的成长生态机制，这个生态机制有如下特征：

①成长者会获得机构化合伙人，孩子成长主导权的重心将转移到合伙团队上来；

②合伙团队会放眼成长者一生的幸福，并尽力按照这个总目标分解成长任务；

③合伙团队会修正、弥补传统机制下学校所不具有的有利于成长者成长的功能；

④合伙团队可能会基于效率原则细化、外包、孵化、整合一切成长者成长的功能；

⑤一个以合伙团队为利益总代表，以功能链接为神经传导的机构生态会蔚然生成！

看了这些文字，可能会令与学校相关的机构产生紧张情绪，其实大可不必误会，成长合伙制度会极大地分担学校的负担，为学校从事自己希望和擅长的事提供动力机制。这种制度只不过是学校的助手和补充，制度的转化是市场式的和风细雨，而不是血雨腥风的政治革命。总之，学校和学校中的人最终会走向幸福。

所有在原始教育中受损的人都会因为新教育新生态的构建而获得新生！不管是弱小的孩儿、羸弱的老年人，还是中壮年人中的弱势群体！

所有需要帮助的人，都应当开启智慧之眼，打开思路，寻找你的合伙贵人，困难将会蒸发，阴天将会转晴，梦想有人帮你实现，人生将会一路欢歌笑语！

2.4 学生的财富结构

钱不是根本物，财富才是根本物。财富不是目的，幸福才是目的。人的生命链可以分为三个阶段，前工作阶段、工作阶段、退休阶段。这三个阶段的财富结构有所不同，任务不一样，理财的策略就不同，如下图所示。

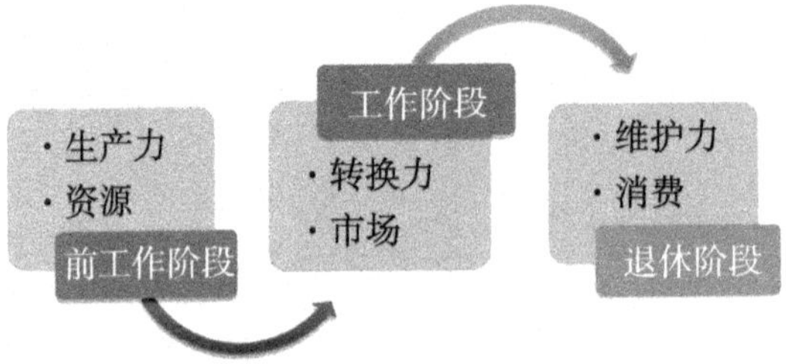

人既是人类社会最基本的生产单位，也是最基本的消费单位。假定不考虑家庭这个合成单位，不考虑代际财富传承问题，那么人一辈子要获得幸福最大化，学生阶段的财富配置就是为了储备生产力，以便为工作阶段生产力的释放打基础，也为养老阶段幸福的收获提供物质和精神准备。

前工作阶段，简称人力资本积累阶段，一般通称为学生阶段。这一阶段的主要任务是相当于生产型企业购买原材料、生产人力、拓展市场。人力生产是一个复杂而微妙的事物，不是几段话能说清楚的，此处用“习惯的养成”“志存高远”“潜能的挖掘”“与社会联动的能力”“金融措施”几个方面来说明。每一个方面，都有利于人的脑力、体力即生产力的提升。

第一，习惯的养成。习惯不是人们刻意或深思后而做出的选择，习惯是神经系统的自然反应，即使过了一段时间不再思考却仍继续、往往每天都在做的行为。习惯形成后，大脑不再全心全意地参与决策过程，除非你刻意对抗某个习惯，或是意识到要养成其他新习惯，否则该行为模式会自然而然地启动。人有超过 40% 的行为是习惯的产物，而不是自己主动的决定。所以，习惯一旦养成，可以收到免除毅力、道德、勤劳、科学、省力等多重收益。人在婴幼儿、少年、青年等不同时段，都可以养成诸多好的习惯。

第二，志存高远。志向远大，才干就会大，就能干出一番大的事业来。一般而言，人的志向越远大，毅力越强、忍耐力越强、潜力越能得以发挥。战时人们那么艰苦也能坚持下来，抗日战争时期的儿童团就像“小大人”一样自律、顽强、睿智，就是志向在起作用。

第三，潜能的挖掘。潜能是潜在的能力。造诣是指一个人具备的那些能力，叫作显能；另一种则是潜能，是指一个人身上现在没有，将来会有的潜在才能。潜能具有可诱导性，一旦得到刺激，就会被唤醒、被强化，它就会“伺机”外化，与活动联系起来并影响活动效果，变成“显在能力”。所以，能力只是潜在能力外化的极小部分，有的科学家讲，如果人的潜能充分发挥出来，一个人能记忆相当于 50 座美国国会图书馆全部藏书储存的信息，能熟练掌握 40 种语言。因此，能提升学生潜能的诱导性力量，都是其财富。

第四，与社会联动的能力，即与他人交往和合作的能力。联动既可以利用成长的外溢效应，还可以从小加强了解、增进友谊，为日后形成人际小市场，拓展交易大市场打下基础。孤僻、内向、不善表达、缺乏人格魅力、组织能力差都会缩小自己的市场半径，减少自己的投票者总数。而那些情商高、善于拓展人际关系的人，自我销售能力往往会比较强，成功机会较大。

第五，金融措施。财富的积累都离不开物质的支持与成长增值服务，然而，人出生时自身无法选择家庭的贫富与父母的教育服务能力。当人的成长无法摆脱个人存量资源禀赋的时候，就会出现教育不公平的难题。破解这一难题的方法是采用金融工具融资、融人、融社会，为自己的成长服务。学生金融的有效方法是用自己未来的现金流为支撑获取外部“股东”的支持。错误的做法是家里人省吃俭用、学生勤工俭学，甚至索性辍学，原因是这样选择的机会成本就是“学生永远失去了成长机会”。

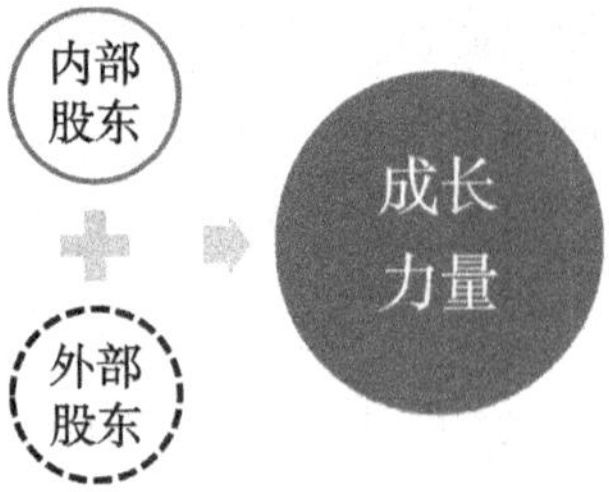

如左图所示，支持学生成长的原始力量一是家庭，二是学生个人，这两股力量可以看作是学生的原始股东，也称内部股东。当家庭资源和财政资源不足以支持自己的成长的时候，明智的办法是在市场上引入外部股东，以便形成学生个人成长的“共赢机制”。这种利益捆绑机制可以激励外部股东调动一切可以调动的资源努力将学生“做大做强”。

2.5 “人证券化”的特殊性

所有的投融资现象，都可以称作是广义的资产证券化现象，这是因为投融资的本质是两种资产的流动性转换，而证券化正是为了生产一种流动性介于其间的证券，来做这种转换的媒介。“人的证券化”，是为了在人与现金之间寻找一种流动性居间的中介合约，以促使人方便获得流动性现金的金融现象。

（1）人为什么要证券化？

那个中美两个老太太在阴间相遇的财富故事中，两个老太太唠关于人生遗憾的话题。美国老太太说没有遗憾了，因为我在生命终止的时候，已经还清了我住了20年房子的贷款；中国老太太则很苦恼地说，我终于存到了可以买到房子的钱，可惜到了阴间了。这个故事表明人证券化的原因在于人一生的不同生命周期中所能获得的现金流是波浪形的，只有引入金融工具来熨平这个波浪，人生的效用才能最大化。

（2）选什么证券好？

投融资类证券一般分为债性、股性及其夹层三类，“人证券”当然可以选择其中任意一种。但相对来说，应当更多地考虑选择股性证券。这是因为人需要“社会胎”重生，人的一生都在成长。但人与人之间存在多种类型、多个层次的财富“量质差异”，若能合伙与捆绑、重配，收益可观。

事实上，国家、家长、爱人、亲友之间都存在类似于合伙人或者股权性质之间的关系。当这些关系不够的时候，要善于创新理念，发明金融工具，引入社会合伙人或者入股分成者。

（3）生命周期证券

按财富结构，人的生命周期可以分为学生期、工作期与养老期。三期主要的特征分别是现金流匮乏与能力获得、现金流充裕与能力运用、现金流稳定与残值消耗三种。因而证券形态相对来说主要分别与私募股权、公募股权、“反向债”相对应。但相对而言，由于人的融资具有需求量较小、强调增值服务、隐私要求高等若干特征，私募性股权融资工具相对适合各个生命周期。相对而言，私募股权是一种产融结合的紧密度大的证券，符合人证券需要考虑的重点。

（4）基础资产特征

证券化基础资产分类一直缺乏哲学层面的提升，这会影响大家对人金融的深层理解。对此，可以按照期限、隔离性、或然度、虚拟性等特点构建一个综合标准，基础资产可以分为组织类资产、项目类资产、单项类资产三种。人属于组织类资产，该资产的特征是，人是有期限的，但实践中有时比大多数永续存在假设的企业寿命长；人资产的隔离性差，不管是内部角度还是外部角度；人资产具有较大的或然性；人资产的虚拟性比企业还大。具体原因另文再述。

（5）人与“人的”有别

人资产证券化指的是自然人作为一种“组织”存在的证券化，目前还不为大多数人理解；“人的”资产证券化指的是有隔离的、某个具体的单项资产的证券化，这种证券化在现实中已经存在。比如，波威证券的基础资产是大卫·波威在其演艺生涯中创作的300首歌曲的出版权和录制权。该笔交易1998年初完成，融资5500万美元。开启了艺术家、作家、版权拥有者或能带来版税收入的作品的所有者资产证券化的先河。从证券化目标看，“人”用股，“人的”用债。

（6）背景危急

中国教育的国际化进入不情不愿的尴尬境地，子民纷纷抛弃本国教育，夺路而出并“趋美若鹜”。中美“教育战争”早已打响，中国面临争夺教化权的考验，形势十分严峻，只可惜很多人浑然不觉，甚至麻木到有甚于鲁迅所描述的“围观场景”，有的索性当刽子手了。中国教育若不能在模式上奋起创新、超越对手，而沿“技术换市场”的经济开放老套路，中国有失去“教化权”的危险，教育殖民之日将是中国危机之日，更别谈人口“两利”即人口红利和人才红利的问题了。

（7）政策建议

中国倡导“双创”，全民总动员，可谓热火朝天。如何使之绿色创、精准创、自发创、持续创、高端创呢？“执创新之牛耳”是也！何谓“执创新之牛耳”？那就是“迂回创新的迂回创新”！是人才培养模式的创新，是思想的创新，是思想创新市场的创新，是思想创新经费支持模式的创新！即大家应当在“人证券化”的创新中积极想办法。

尽管“人资产证券化”这种证券化命题，仍然是人类社会中的新命题，需要观念转变、政策支持、社会资助，需要有人坐冷板凳。令大家担心的是，本书提出的人才成长创新模式，可别由于国人动作缓慢而被外国人率先运用，捷足先登。大家应一起努力尽快探索基于“教育泰福域”的人证券化。

2.6　父母要善于帮助孩子“增资扩股”

一个人年龄越小，其成长越离不开父母的支持。如果父母支持得好，孩子的发展就好，支持得不好，孩子的发展就要受影响。那么，父母是如何支持孩子的？不同家庭父母支持孩子的差异是如何形成的？父母支持孩子有没有一些可以比较的地方？如何才能找到更高效率的支持孩子成长的规律性的方法？答案是肯定的。

任何人做事都是有动机的，父母支持孩子的动机基于父母与孩子所形成的“三重关系”：“血缘关系”“投资关系”“师生（徒）关系”。

血缘关系给父母带来两种价值：一种是精神价值；另一种是“征信价

值”。父母为何要生育子女？非常容易想到的是：“生物繁衍的本能”。没错，但隐藏在其背后的动机则是“精神的愉悦”。看到自己的“影子”传承下去，体现了自己的价值所在，感到自豪。“无后为大”说的不仅是列祖列宗对“无后”带给整个家族的危机，更是父母本人的“自评”；血缘关系作为一种纽带，还能带来投资上的征信价值，促成投资行为的发生。这也是父母不怕子女违约的原因所在。“血浓于水”不仅促成了父母对孩子提供支持的动力，也激发了子女对父母的回馈的动力。

“养儿防老”印证了父母与子女之间确实存在“投资关系”。但是，父母与子女之间形成的关系究竟是债权关系还是股权关系，却少有人深挖。一般而言，父母与子女之间形成的大多是“股权关系”。比如，子女成年后，一般会以收入的正相关关系向父母提供回馈。相应地，当子女没有住房、失去工作的时候，可能还得“啃老”，这叫“风险共担”。当然，随着核心家庭的形成、子女工作跨区流动范围的扩大，子女与父母之间以“血缘”为纽带的“征信效应”下降，子女与父母之间的关系“风险性”增强，双方的投资关系有可能蜕变为“债权关系”。表现为父母向子女提供股性资金的力度有所下降，而代之以“借款”与“还款”。

子女一出生，父母就担当了教师的角色。其实，父母之所以愿意担任教师，一方面是血缘驱动下的情感所使；另一方面正是父母向子女进行投资的体现。但是，我们在现实中往往会发现，不同的家庭，父母所能给予子女提供的教育质量和数量有显著的差异。一旦来自于家庭外部的教育资源不能弥合这种差异的时候，学生的成长就会出现较大差距。那些不能为学生提供足够合格教育资源的家庭，可以诠释为两个原因：一是家长不具备技术能力和时间资源；二是家长心中有一个成本曲线，感到将自己培养学生的能力提高到相当专业化的水准所带来的回报不能足够确定地覆盖成本。这是家长不愿生二胎，并将子女教育外包的原因所在。

那么，如何在认可以上客观存在于父母和子女之间“三重关系”的前提下，提高子女的培养效率呢？

第一，稳定、加深和优化血缘关系。中国有中国的文化，如何让中国“重视亲情”的优良传统发扬光大，是一个能带来很多好效应的问题。毫无疑问，父母与子女之间的空间距离会成为影响两者关系的重要组成部分。我们团队并不反对“社会养老”，但反对以此为借口疏忽两者情感的机制和现象，应当找到使社会养老与家庭养老相结合的方法。

第二，引入社会资金替代父母资金投入的不足。一般的方法：一是“拜干亲”“桃园三结义”“拜干爹”“收干儿子”。明星拜“干爹”从健康关系来说，相当于学生在搞“增资扩股”，即在学生股东、父母股东之外，又加入了“干爹”这一股东；二是与人打交道不搞单次博弈或者短期博弈，而是形成长久的友好情谊。这样可以随时互相帮助。聪明的人不会“斤斤计较”“睚眦必报”“次次算账”就是这个道理；三是直接引入外部投资者。最好的例子就是“明星经纪人”制度。学生类似于明星，“经纪公司”付出资金的“对价”是学生未来收入的一定比例的分成。

第三，引入更加优秀的增值服务者来替代或者弥补父母教育资源的不足和低下。相关研究表明，教育不只“上学校”这么一个环节，而是包含从教育决策、教育资源配置、上学、成才营销等所形成的一个链条。一个人要成才，每一个环节都要做好。但从传统教育来看，只有上学外包了，其他几个环节基本上是由家庭和子女本身非专业地完成的。如果能将除上学以外的各个环节都外包出去，就能大大提高教育效率。还有一个可行的办法就是将以上环节交给一个“入股”的投资人，由这个投资人自己完成或者由其决定外包给哪些机构。

这里，要特别强调学校与学生之间的关系。这两者不仅是一个简单的瞬时交易关系，而是因为教育效果与收益的表现具有“延时效应”与“互为效应”。前者表明学校和学生的关系是长期的，后者指的是双方荣辱与共，互相成就对方。这类似于股性的特征。有一些学校，学校与学生之间的这种“股性”关系意识不强，往往是短期的生意关系。这样就会发生很多违背教育规律的事。在此呼吁，教育一定要做品牌，要做品牌就一定要构建有利于品牌积累的治理架构。

2.7　人才金融创新与中国的人才战略

工业革命曾经使英国成为“日不落帝国”，而金融革命则是工业的基础和前提，不仅使英国，也使美国，甚至任何一个发起主体在经济回报上都遥遥领先。随着信息化技术的发展，全球化以异乎寻常的速度推进，任何一个国家都难以脱离世界影响而独善其身。这使今天的社会比以往信息量更大，结构更加复杂，联动性更强，稳定性更差。世界的发展和稳定呼唤能处理复杂问题的智慧性人才辈出，人才革命率先发生在哪一个国家，哪一个国家将获得“执世界牛耳”的地位。

就经济发展速度来看，中国已经成为崛起中的大国，中国还将成为世界第一大经济体。那么，如何促使中国成为世界经济的领头羊？如何促使中国成为世界上综合国力最强的国家？如何能保证中国持续稳定地成为世界强国？这取决于中国能否招贤纳士，网罗到世界一流的人才。人才是决定一个国家和企业盛衰的关键。人才金融则是保证一国人才战略的重要工具。

在全球范围内争夺优秀人才，已经变成了各个国家之间一场没有硝烟的战争。据不完全统计，学成后超八成留学人员选择回国发展，其中不乏高层次人才。党的十八大以来，“千人计划”引进海外高层次人才 6074 人，“长江学者奖励计划”引进 1094 人。目前，我国 70% 以上的高水平大学校长、80% 以上的两院院士、90% 以上的长江学者入选者，都有海外学习或工作经历（教育部网站）。高比例的留学人员回国，说明中国教育效率亟待提升。

中国的教育明显存在以下问题：其一，教育资金匮乏。2013 年 3 月中国教育经费支出占 GDP 的比例首次达到了所谓国际标准 4% 。然而，中国是个人口大国，人均占比必然与国际标准相差甚远。更何况中国城乡之间、贫富之间在教育资源可得性方面存在较大不均衡。穷人子女失学率和隐性失学率居高不下；其二，教育效率不高。如同中国改革开放初期关于

“工厂”与“企业”之辩，目前，中国教育基本上还是在办“工厂”。学校专业建设重复严重，培养风格缺乏差异化。学生重在为生计而学习，缺乏兴趣诉求，因材施教流于口号。这些造成了中国人才市场竞争同质化严重，失业与人才匮乏并存的现状。

如何破解中国人才培养的难题？经过多年的研究，我们团队发现，“基于学生的股性教育金融制度创新”可以为解决这一问题提供一种增量方法。即供资人提供给学生的资金既不是政府转移支付，也不是社会捐助和银行贷款，而是对学生未来的投资。学生答应用自己未来若干年的一定比例的收入进行反馈。股性学生金融制度在增加教育资金方面的功能有以下四个方面。

第一，减轻了政府和家庭的负担。学生以自己未来的收入流为支撑融资，而不是依赖于政府和家庭，也不依赖于抵押物。依赖于政府不仅会带来转移支付中的不公平，也会带来沉重的财政负担。依赖于家庭，将给贫穷子女带来不公，也将对家庭的消费带来不可忽视的挤出效应，从而减少家庭的消费倾向，并会扭曲学生与家庭成员的行为选择，带来道德法律和社会稳定方面的问题。学生缺乏抵押物，如果依赖于抵押物显然会降低融资的均衡量。

第二，提升了学生声誉与信心。供资人之所以愿意向某一个学生投资，是因为看好这个学生的未来，这相当于投资人对学生的一个变相的好的评级。相反，社会捐助、助学贷款、助学金却使有些学生产生了心理上的伤害。从对学生的调研可知，相当数量的学生都不愿意提起自己接受此类资金的事，认为这不是一件光彩的事。曾有央视批某大学工商管理学院靠演讲评助学金的做法，说这种做法无异于伤口撒盐，使学生的隐私曝光，学生的自尊心受到伤害。

第三，提升教育资金的效率。学生得到投资为其他主体提供了“引导信号”。如果某供资人将资金投向了某个学生，说明这个学生的未来被看好，其他的投资者就会“搭信号便车”而“跟投”。不仅如此，银行等债性资金提供者也会跟进，起码这样的学生未来还款的现金流能力较强，客观风险较小。学生得到投资的这种信号功能也给慈善者和政府提供了结构化的选择。有些慈善家可能更想将善款捐给那些穷但是上进而有潜力的学生，而有效的政府不仅要“救穷”，更有意义的行为是“救才”。

第四，为信贷资金提供“信用增级功能”，刺激信贷资金提供者的积极性。如同企业融资中的债和股一样，股权属于剩余索取权，其索取权在债权之后，这样投资人相当于为银行等债权人提供了担保，可以刺激银行等债权提供人为学生提供更多的资金，改变以往银行不愿意对学生进行贷款的局面。

股性学生金融制度的优势不仅在于其具有扩张学生教育资金的独特功能，更大的意义在于其可以在不对现有教育体制产生冲撞的前提下，对教育效率的提升产生革命性的影响。

第一，投资人与学生的分工与和谐。只有将教育视作投资行为而不是消费行为时，教育效率的提升才可能实现。传统的教育投资大致分为两类：一类是国家将教育作为一个公共品的投资行为；第二类是家庭将子女教育作为家庭行为的私人投资行为。然而，前者由于将教育作为一个整体而忽视了个体差异性，而导致效率的缺乏；后者则因为家庭在教育精力、能力与教育资金方面的瓶颈，而导致效率的缺乏。社会投资人的引入，可以分担家庭教育精力、能力、资金方面的负担。投资人一旦投资了学生，双方的利益函数基本一致，投资人就会产生类似于家长一样的激励，对学生提供资金与增值服务。完成了传统模式下家长和学生的某些功能。分工有利于学生成长效率的提升。

第二，教育链的促成。可以说，教育不只“上学”这一个环节，教育是一条链，包括“教育甄别”“教育决策”“教育资源配置”“教育实施”“人才上市”“上市后的再配置”等一系列环节构成的完整链条。按照经济学的原理，只有每一个环节上的边际收益相等时，教育的总收益才能最大化。然而传统教育模式下，人们注重的是“上学”这一“教育实施环节”，对其他环节重视不足。比如，因材施教中“因”的功夫做得不够，往往存在“一刀切”式的“施教”。然而，有了专业化的投资人之后，投资者一方面有动力在教育链的各个环节上按照边际效应原则均衡用力，同时也有能力使均衡值保持在较高水平。这是因为银行投资人“阅人无数”，经年累月，反复投资，经验丰富。随着市场上某些教育环节的专业化，投资者有可能将部分环节外包出去，这样将形成人才培养过程的深度分工格局，有利于人才培养效率的极大提升。

第三，高校特色的形成。最近几年，中国不少高校也实行学分制、课程选修制的教育资源配置模式，收到了较好的效果。但是，由于选修课数量的限制以及跨校选课制度的稀缺，教育资源配置效率还有较大的提升空间。如果学生投资人制度实施以后，投资人将会产生促使学生跨校、在全国乃至全球范围内选择教育资源的动力。其结果是，高校成为真正的人才加工厂，投资人才是人才加工“外包商”。这样一来，高校之间将会产生极强的“人才培养”竞争，一些高校必将扬长避短，砍掉不擅长的专业，做大做强优势专业。有利于高校人才培养的专业化和高效率化。这种机制形成以后，将会改变往年“高成本、费事、低效”的教学评估。高校面对的不是自己的老板——教育管理部门的“评价机制”，而是市场硬对硬的评价机制。

其实，这种针对人才的投资机制在娱乐界的经纪人制度中早已存在。比如，韩国的明星经纪人制度中，经纪人打造明星的动力来源于明星日后演艺收益的相当比例，几乎 80% 归经纪人所有，而不是固定收益。只不过，明星的成长具有艰辛的过程，要特别依赖于经纪人的投资和打造。这也导致了明星经纪人制度没有向普通学生推广，而且经纪人的分成占比也过高。可以说，明星经纪人制度为权益类学生金融制度的产生提供了重要的理论原型。

国外也存在关于权益类学生金融的研究。弗里德曼在 1945 年的一篇文章中以脚注的形式提及了权益类高等教育融资工具的想法，并在 1955 年的另一篇文章中具体介绍了权益类学生高等教育融资工具的运行机制。此后弗里德曼的想法没有付诸实践，但一种介于权益类融资工具和传统教育贷款融资工具之间的杂交工具——按收入比例还贷和教育税形成了。1996 年，Roy Chapman 人力资本资源公司的 CEO 和联合创始人首次正式提出“人力资本合约”和“人力资本权益合约”这两个名词。

令人欣慰的是，权益类学生金融制度在美国也开始了实践。2013 年 7

月 19 日，《纽约时报》报道了在美国刚刚起步的一种新兴金融中介——人力资本投资平台，这些公司已经渐渐开始进入人们的视野，并已经有了一些成功的个人案例。文中的主人公把自己未来 10 年计划工资的 7% 付给投资者，筹集到了 30000 美元。尽管由于该制度的初创性，投融资主体十分零散，资源整合及投资的专业化程度都比较低，但对我国人力资本股性投资理论和实践仍具备一定的参考意义。

权益类学生金融制度在现实中运行的关键是被投资人的风险控制。该制度之所以在美国能够运行，其原因之一在于美国拥有严密的个人收入监控体系。美国是一个信息化程度非常高的国家，其发达的银行系统和银行信用制度保证了对个人收入的有效监管。个人在银行开设账户都要凭合法的身份证，并实行实名制。个人的身份证号码、社会保障号码、税务代码三者是统一的。因此，个人的所有收入项目都可以通过这样的号码进行汇总和查询。在美国，除了零星的小额交易外，其他交易都要通过银行转账，否则被视为违法，个人不受银行监控的收入项目十分有限。

尽管我国还难以建成如此严谨的个人收入基础设施，但可以通过一些变通的方法减小融资人的道德风险，并不妨碍学生权益类教育金融制度在我国实施。

2.8　博士后金融的三种创新形态

博士后可以利用现有的金融工具为自己融资，从而为自己争取博士后研究的机会。❶ 从传统来看，最基本的、可以利用的是类似于“助学贷款”的资金支持模式。政府可以为进行博士后研究的人员提供低息、免息、担保等金融政策的支持，鼓励博士和有研究能力的人发挥特长，进行创新研究。除此之外，还可以利用 PE、项目融资、资产证券化等金融工具为博士

❶ 合作研究，节选自《中国博士后制度改革创新的实证研究》，冯支越，北京大学出版社，2013 年 11 月。

后融资服务。一个创新思维是，博士后也可以为了自己的研究潜能得以发挥，或者为了进一步将研究成果产业化，变被动为主动，自主寻找合作伙伴，以博士后身份与对方合作。这种形式可能为博士后提供更多资金支持。

（1）私募股权投资基金

1985 年国家拨专款设立中国博士后科学基金，用以鼓励和支持博士后研究人员中有科研潜力和杰出才能的年轻优秀人才，使他们顺利开展科研工作，迅速成长为高水平的专业人才。博士后科学基金被视为“种子”基金，为博士后顺利开展工作创造了良好条件。我国博士后基金的最大问题除了分布不均衡之外，主要是个人获得的支持力度不够大。博士后科学基金处的调研发现，博士后基金资助比例应该达到 30% ~40% 才更有利于他们出成果。但我国绝大部分博士后所获资助尚未达到这一比例。

解决上述问题的基本办法是扩大经费来源。在美国，博士后人员大多从国家和学校的各种基金中获得经费支持。进入 20 世纪 70 年代后，经费资助来源趋于多样化，并形成了三大类型的资助来源：博士后研究基金、联邦政府的培训拨款和研究经费。只有极少数人会为了接受教育和得到研究工作机会，在得不到资助和薪水的条件下申请博士后职位。在德国，洪堡基金会的经费有 67% 来源于外交部，20% 来源于研究技术部，5% 来源于教育科学部，3% 来源于经济合作部，5% 来源于社会的资助。

我国人口基数大，科技人员数目亟待扩张，单靠政府投入不够现实。一个创新的途径是将有限的政府资金与投资性基金进行嫁接，使政府资金变为引导资金。形成以博士后本人或者博士后科研项目、科研成果，甚至创业项目为股权投资对象的基金。

对于以博士后自然人为投资标的的股权投资机会，其基本原理可以参见《教育金融制度创新》[1]，需要形成人才甄别团队，并需要进行人力资本估值。其最大的亮点在于这种基金不仅能为博士后提供足够的研究基金，而且能为博士后提供增值服务。

[1] 窦尔翔．教育金融制度创新［M］．北京：清华大学出版社，2012.

对于项目或者成果为股性投资标的的基金，可以极大促进博士后自主创业精神。部分博士后从事的应用型研究具有产业化价值，可以参照留学回国人员创业管理办法，设立博士后创业基金，鼓励博士后出站后自主创业、自主开发，推动科技成果产业化。颁布管理办法，支持博士后为把我国建设成为创新型国家贡献力量。

博士后私募股权投资基金与企业股权投资基金尽管在投资对象上不同，但两类基金的生态链具有相似之处。其交易结构可以用下图表示。

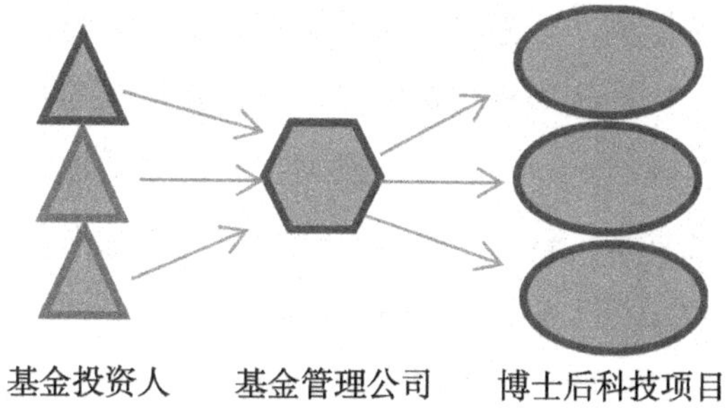

博士后私募股权投资基金

基金投资管理人之所以愿意投资，是高科技项目的特性所决定的。从以往的创业投资的经验来讲，基金管理公司所投的十个项目中，即便是八个失败，一个不赔不赚，成功一个，投资人也会有相当的收益。这里的原因主要是高科技是创新的，有产权保护，其产品具有垄断性，可以获得很高的附加值。这就要求博士后一定要尽可能选择能产生创新性知识产权的项目。由此可见，这种以投资为导向的，以金融为纽带的运作模式有利于博士后制度向其核心价值回归。

(2) 项目融资

科技项目融资，作为一个金融术语到目前为止还没有一个准确公认的定义，广义地说，一个特定的经济实体为科技项目所进行的融资活动都可以称为科技项目融资。其最大特征就是该项目要独立于合作双方所在的法人单位，收益相对比较确定，牵涉的主体较多（包括政府）。因此，对于那些资金需求量大，可以项目化运营的合作，可以借用项目融资技术。

所谓博士后科研项目融资，初步可以认为是以项目为导向而非以双方所在法人单位为主体的融资方式。所以科技项目融资主要是依赖于科技项目的技术含量、资产价值量和现金流量，而不是依赖于项目的投资者或发起人的资信来安排融资的。在融资方式上，可以采用以投资者或发起者为法人代表的独立筹资、股份制或股份合作制形式，也可以对企业融资、生产贷款、杠杆租赁、技术资金入股等多种融资方式进行组合、取舍、拼装；在资金筹措上，既可一次筹资、一步到位，也可分阶段筹资、分阶段到位。在很多情况下，项目融资可以帮助项目的投资者更为灵活地安排资金，实现其按照传统的融资方式可能无法实现的一些特殊的目标要求。以银行贷款为例，采用科技项目融资方式，可以根据项目技术高度、经济强度及生命周期提供60%～75%的资本需求量，其贷款期限比一般商业贷款周期长得多，有的项目贷款期限可以长达一二十年之久。可见，科技项目融资的本质是资金市场上供求双方的一种交割，作为资金需求方的企业，在科技开发中以其拥有的项目资产和现金流量从资金供给方换取科技项目所需的资金。

事实表明，不少科技成果都要经历无数曲折和失败才能取得成功，所以采用科技项目融资方式，就是将与项目有关的各种风险要素，以某种形式在项目投资者或发起人、与项目开发有直接或间接利益关系的其他参与者进行分担。尤其是一些大型的工程项目、高技术项目和超过自身资产规模的项目，一般建设周期和投资回收周期都比较长，对于项目的投资者而言，采用项目融资方式，可以充分利用与项目有关的一切可以利用的优势，以有限的无形资产吸引更多的有形资产。也就是说，虽然这些项目投入大、周期长，但项目一旦成功，就能够生产市场上没有的，或更好、更便宜的产品和服务，从而可以获取丰厚的回报。

可见，一个成功的项目融资，可以将融资的信用支撑延伸到与项目有关的各个关键方面。如在市场方面，可以要求对项目产品感兴趣的商业企业提供一种中、长期购买合同作为项目融资的信用支持；在融资组织上，可以酌情要求政府机构、金融机构，以及与项目开发有直接或间接利益关系的企事业单位提供一定的承诺、担保等。所有这些做法，都可以成为科研项目融资强有力的信用支持，有利于加强科研项目投资者或发起人的信誉地位，有利于提高科研项目的债务承受能力，有利于很快完成科研项目融资工作。

（3）专利资产证券化

资产证券化是以博士后所拥有的在未来会产生稳定现金流的资产进行融资的形式。与项目融资类似的是，二者的融资支持物不是博士后双方所在的法人单位，而是资产或者说资产的现金流。但与项目融资具有明显区别的是，项目融资更多偏向于初建阶段的融资，而资产融资更多地偏向于能产生稳定的现金流的阶段的融资。这个资产可以分为两种形式，一是与博士后合作研究密切相关的资产，二是与博士后研究并不相关的资产。

资产融资和项目融资的还有一个重大区别是，前者往往涉及单个项目，项目的融资量很大，后者则是许多资产的组合，每一个博士后所涉及的资产的融资量或许不太大，但是资产的现金流的风险可能并不是很确定。然而，对于符合大数法则的一群资产来讲，可以通过组合来锁定风险。这意味着，需要类似于资产管理公司的金融机构来为博士后资产证券化服务。从资产内容来讲，可以是博士后为了获得合作研究机会在银行的借款单，也可以是博士后未来的工资收入，也可以将合作单位某些可以独立核算的资产拿出来与博士后相关资产结合起来形成证券化资产。

从金融资产的角度看，专利可以是尚未实现未来现金流的一系列权利。如果承认专利是金融资产，那么也应该承认专利在金融市场交易的安全性，而金融市场的大部分基础设施可以运用于专利资产。此外，因特网的运用和金融工具的创新，使专利交易能以更为合理的方式进行，获得和处理专利资产变得更加容易和安全。事实上，专利许可执行网络、发明者、科学家、技术经纪人，构成世界专利买卖和许可的交易系统。

例如，1987 年 12 月 23 日，耶鲁大学和美国一家大型制药企业 Bristol-Myers Squibb 公司（以下简称 BMS），签订了专利独占许可协议，用来研制一种名为“Zerit”的新药。2000 年 7 月，耶鲁大学为了进行项目融资，与 Royalty Pharma 公司签订了专利许可收费权转让协议。将 2000 年 9 月 6 日至 2006 年 6 月 6 日期间的 Zerit 专利许可费的 70%，以 1 亿美元不可撤销地转让给 Royalty Pharma 公司。为了支付这笔转让费，Royalty Pharma 公司发行了 5715 万美元的优先债券、2200 万美元的次级债券和 2790 万美元的受益凭证，剩余的 30% 专利许可费由耶鲁大学保留。BMS 公司作为专利被许可人，每季度必须向耶鲁大学支付 30% 的专利许可费，然后支付 304.5 万美元的优先债券，再支付 120 万～133 万美元的次级债券，最后将剩余利益分配给持有受益凭证的受益人。

2003 年 3 月，拥有多项专利并致力于发展光学镜头业务的日本 Scalar

公司，将 4 项专利权排他性许可给 Pin Change 有限公司。Scalar 公司以专利权许可应收款为基础，发行了特殊债券和享有优先权的投资权益证券，实际获得融资 20 亿日元。

据此推断，相对于传统的专利质押融资而言，博士后作为专利权人可以从证券化中获得更多的利益。首先，有限的财务状况披露。资产证券化的特点在于构造一个破产隔离机构，以减少融资实体财务状况的披露。投资者作为信用分析家，更关注基础资产的质量而不关心融资主体的信用。所以，该主体的信用与专利资产证券化交易的关联不大。购买证券的投资者通常无权向融资主体行使追索权，该主体因此受到保护，也就没有披露其财务状况的必要。其次，可以降低融资成本，提高资本结构和等级。被隔离的专利资产，能够以更高的信用等级进入资本市场。专利资产信用等级越高，用其支撑发行的债券利息率也就越低。因此专利资产证券化能够有效地降低融资成本，实现专利价值最大化。而且，以专利支撑的融资属于资产负债表外融资。这样就使专利权人的应付债务本息总额降低，偿债能力系数提高。再次，使专利发挥更大的杠杆作用。在实践中，专利仍是一种未得到有效和充分利用的资产。通过专利支撑证券化，可以从专利中获得更多的资本。最后，可以作为收购工具使用。在以公司和专利为目标的收购中，专利资产证券化也可以作为一种融资来源，收购方以目标公司的专利为担保发行债券，从而达到专利杠杆式收购的目的。

至此，做一个简短的总结。第一，在本研究中，通过回顾和比较中外博士后制度的运行效率，推演出我国博士后制度的优势、劣势及其产生的原因，以及博士后制度运行的基本规律。以此为基础，论证了博士后制度进行“二次飞跃”的必要性、可能性和变迁方向。第二，基于这种跨国和跨时期的比较研究，提出了优化中国博士后制度的可能制度选择，包括实行博士后注册制、构建博士专利体系和进行博士后金融制度创新等。第三，在博士后内在制度的重构中，基于我国博士后制度所处的发展阶段和微观主体在科技创新中日益重要的作用，笔者重点强调培育和增强诱致性力量的重要性，同时指出减少强制性力量的利益所在。但是，在博士后制度的外在运行框架重构中，笔者指出强化政府介入的必要性。第四，笔者尝试推演一个立足人性逐利而又超越时代约束的博士后制度安排，它既能优化现有博士后制度内在结构，又能进行边际创新，扩大博士后制度边界范围；它既可在现有外在制度框架下降低博士后“异化”现象，又可突破时代环境并引领下一步改革创新；它既是我国经济竞争力和可持续发展的支撑者，又是国家科技强国战略的引领者。这样，我国博士后制度就真正达到高层次人力资本积累的预期目标，而我国的高层次人才、研究型大学、企业和国家的科技创新力和国际竞争力也将达到并超越世界水平。

2.9 估算你的增值力

人的一生都在成长增值，但相对来说，人生早期的增值力最值得研究和重视。增值力有两层意思，从产出来说，指的是人作为一个经济单位的价值实现情况；从投入来说，指的是人自身的增长潜力以及外界力量对人增值的正向干预程度。这个干预程度越大，人的增值实现就越大。

在这里想与大家讨论分享的，正是一个人利用外力的增值特征。我们团队认为可以将这些外力分为“三力”：“慈力”“债力”“股力”。这三大类型的力量又可以细分为多种情态，这些情态按照其增值力由弱到强的顺序渐次呈现出来。期望大家能挖掘出尚未利用的增值力量。

(1) “慈力”

所谓“慈力”即是慈善力。从形式上来讲，慈善有两种，基于个人的慈善和基于组织的慈善。基于个人的慈善，在客观角度和主观角度上，都可以分别表现为纯粹慈善、债性慈善、股性慈善。主观和客观的不同组合，可以生成不同的“合约”。

第一大类是主观上“施慈者”不要求回报，客观上“受慈者”也没有回报，这是纯粹的慈善模式。这种模式中，“施慈者”往往具有高境界品质，如果要说收益，主要是主观上的心理体验，这种心理体验或许是物质所难以达到的能使人愉悦、放松与幸福的心理体验。纯粹慈善模式下，“受慈者”则往往是那些在短期无力回报的弱者。

第二大类是“施慈者”在主观上不要求回报，而客观上“受慈者”却给予了债性或者股性的回报。严格地说，一旦“受慈者”接受了“施慈者”的布施，基于“心理账户”“滴水之恩，涌泉相报”的“合约”应当在“受慈者”心里建立。如果“滴水之恩，涌泉相报”还原为边际效应原理具有逻辑上的合理性，那么“受慈者”将这份合约异化为债性合约其实是不道德的。

第三大类则相反，是“施慈者”在主观上期望如同债性、股性或者债股组合的各种回报，但“受慈者”却在心里不予认可，而将其看成是纯粹的慈善合约。如下评价不对的是，“施慈者”行为可以看成是乘人之危而签订的合同，甚至通过强调、放大等舆论工具实施道德绑架。“受慈者”毕竟在客观上受人恩惠，理应依据边际效应原理提供于己边际成本较小、于“施慈者”边际效应较大的回报，而“受慈者”有理由不履行这份条文不清的一厢情愿的合约。对的是，“施慈者”毕竟是在人危难之际提供了帮助，促人渡过难关，“受慈者”理应在口头和经济上适时给予“施慈者”回报。

机构慈善脱去了个人慈善中的不明晰、不确定条款的弊端，是一个典型的、纯粹的慈善合约。一般而言，捐助者个人以纯慈善目标实施捐助行为，机构也以纯慈善目标实施布施行为，至于有些“受慈者”心存感念，在有条件时反馈于相关慈善机构，那是好上加好的事，但那也是自愿的事，不会产生纠纷。机构慈善的功能是“隔离”，隔离了个人之间的情感、情绪、隐私、自尊等。因为，机构慈善常存在着委托代理问题。例如，“郭美美事件”“百色事件”不一而终。

以上分析可见，慈善发生的要件是“受慈者”的困境加上“施慈者”的善念。“施慈者”的善念具有不确定性，因而慈善资源的产生也具有不确定性。“施慈者”即使有债股的动念，但对“施慈对象”不能强制，因而更加增强了慈善资源的不稳定。“施慈者”不以潜力和努力作为筛选对象的依据，因而没有动力去对“受慈者”的实际做尽职调查。因而，慈善也有适得其反的不良后果，甚至是助纣为虐的恶果。一是因为逆向选择而刺激“求施产业”的繁荣，进而刺激了恶民将人作为道具，制残造孽，控制人身自由的恶行；二是基于道德风险刺激了“受慈者”的懒汉行为。

(2)“债力”

此处所说的债，指的是双方明确了权利义务的“正式债约”，不论是口头上的债还是有字据的债。学生债的价值评判既与债的内涵密不可分，也与学生的特征密不可分。债具有硬约束的特征，是一种要求还本付息的固定收益工具，典型的债还有期限上的硬约束。学生有两个禀赋特征：一是学生在短期内没有收益；二是学生不仅需要货币，还需要价值增值的各种服务资源。

学生获得债力的唯一正面评价是无论如何学生得到了资金资源，避免了因资金资源稀缺而可能丧失的机会成本。但对于学生来说，产融不配导致了人们对债力的体验更多的是美中不足的遗憾，比如生硬、粗暴、负能量、增值力量，表现在以下四个方面。

其一，假定学生独立还债，不牵连家庭。显然，学生还债期限一定是长周期的，甚至要不断延期。这与信用债的期限约束不相匹配，容易造成坏账。

其二，若学生债牵连家庭，学生债会有隐患。学生的非理性消费信贷，可能会造成家庭债务危机，也可能损害家庭的消费计划，影响家庭的投资计划。

其三，债的归还只要求总量，不与内容挂钩。这不仅可能造成学生为了还债而耽误学习，诱发败德、违法、犯罪的行为。

其四，债合约只提供货币资源。实际上，学生更稀缺的是与成长相关的各种各样的稀缺资源，除了货币，还需要增值服务的各类资源。

基于以上缺点，学生债可以做一定的改进，形成以下三种模式。

其一是不断展期，这是一个简单的改造，效能有限；

其二是“展期＋月额度”软化。让还款额度与盈利能力的比例挂钩，直到还完为止，这类似于弗里德曼 1955 年提出来的 ICR；

其三是“展期＋总额度”软化。在一定年限不能还完，就免除余额。

债力的以上三种嬗变模式逐渐增加了股性的成分和程度，第三种模式在风险共享角度上已经非常接近股性合约了，但依然没有改变增值服务缺乏这个遗憾。

（3）“股力”

股权合约是一种能将供资人利益与受资人利益捆绑起来的合约，一旦这种合约能在入股者与学生之间生成，在逻辑上入股者就愿意调动各种能够调动的资源以促使分成对象的尽力成长。学生成长急需这种合约、这种力量。

外力以投资入股模式介入学生成长有四种纽带模式：“血缘纽带”“亲缘纽带”“德缘纽带”“法缘纽带”。前“三缘”表现为合约纽带越来越松散，因而合约履行的保证力越来越弱，既然股权合约对个人的成长意义重大，为何不将这些股权的共性精髓提炼出来加以改良推广？这是我们团队提出“法缘纽带”的逻辑所在。

关于“法缘式股权”的效力，《教育金融制度创新》中已有详细阐述，在此简要加以说明：

①法缘式股权成长金融在明星养成中已经大量存在，这里只是将养成主体扩展到一般人身上而已。

②基金式明星养成股权具有专业性、机构性，因而具有稳定性，并能够充分、深度满足自然人的成长需求。

③国家可以采用母基金方式参与人才养成基金，或者可以通过特许经营的方式对基金的教育导向进行监控，以确保人才基金具有正确的政治方向。

④其实，最大的政治是爱国强国。一个人在充足的成长资源下，达到了充足的成长，就会产生极大幸福感的体验，因而情感的归属不成问题。

⑤国家一旦拥有了基于教育需求方作为起点的人才培养动力模式，就会弥补原来只拥有从教育供给方作为起点的跛足的人才培养动力模式。教育供求双方都落实了充裕的选择权利，教育将处于竞合、均衡、出清状态。

⑥国家可以利用域金融来调动慈善、政府引导、公益创投、纯粹市场等其他四种资金，形成“5P”的资金合力，在“人尽其能”的前提下，实现教育公平。

来自于外部的资金因为合约中的权责利的条规不同，供资方对求资方的影响力度也不相同，因而具有光谱色谱的渐进性。在此分析成长力量的光谱色谱特性，就是愿大家学会辨识五光十色的人生助长力，选择最优组合，让人生五彩缤纷、光芒四射，让人生拥有强大的成长力量，让人生获得最大幸福！

2.10 “学生金融”的建设性

“今日之责任，不在他人，而全在我少年。少年智则国智，少年富则国富，少年强则国强，少年独立则国独立，少年自由则国自由，少年进步则国进步，少年胜于欧洲则国胜于欧洲，少年雄于地球则国雄于地球。”

这是梁启超《少年中国说》中的一段话，发自肺腑，振聋发聩，为民强国富指明了力量与法门。于昔日，是为了摆脱羞辱，于今日，是为了走出国门。民富国强不进则退，甚至非此即彼，因而大家需要“开路拓带”“依路依带”。

“天将降大任于斯人也”，中国需要“新青年”！

一位三四十年代曾在北大有过地下工作经历的笔名为燕然的老人吟出了如下词句：“世界瞬息万变，谁能抓住重点，摇头摆尾厚脸！”欲做强国的青年，必须面临万变的世界，引领全球方向！想想，要做这样的青年，需要具有怎样的胸怀、眼光、能耐、素养？

如同大家不是“石头缝里蹦出来的”，青年要成为“新青年”，需要引入新的成长机制！青年正值成长期，“饭量大”，然而多少个青年却因为资源稀缺而“梦断蓝桥”！新青年最需要的不是证书，而是能耐，不仅是金钱，更重要的是资源整合的机制。

正是西班牙女王的资助，才使哥伦布有了发现新大陆的可能；正是分成式的合伙制度才成就了无数的电影明星；正是股份制才使美国西部的铁路建设周期缩短了几百年的时间。无疑，金融制度也必是优秀青年成长的机制法门，穷孩子需要，富孩子更需要！

反观现实，学生金融不仅不是令人满意的，还时常出现侵害学生的“坏金融”。

(1) 建设性不足的学生金融

学生成长需要资金与增值服务两大类资源。在此做两个假定，一是学生的成长资源主要依赖于学生及其家庭，一是学生期望自己的成长达到最大化。大家知道，学生成长是一个试错的过程，有动态的、大量的资源需求。因而，几乎大多数学生都会发生资源短缺的现象，都需要外源性金融制度提供这些资源。

对于学生所需要资金与增值两大类资源来说，前者是必要条件，后者是充分条件。后者的内容更加丰富，包括以下三个方面。

①情感支撑。

血缘与亲情是人类重要的成长营养，但由于种种原因，很多家庭难以满足学生的需要。这可能是由于家长权威习惯所致，可能是孩子的逆反心理所致，可能是因为独生子女制度所致，也可能是由于家庭不和所致，也可能是因为家长工作繁忙、学生学习负担繁重所致……

②心理调节技能。

近几年，中国孩子“精神感冒”的现象越来越多、越频繁、越严重，有的孩子长期处于“心理亚健康状态”，影响了身体健康与成长效率。“徐玉玉之死”说明了心理调节能力对身体健康的影响，很多孩子学习成绩下降的罪魁祸首正是“剪不断、理还乱”的心理状态。

③习惯“回炉”。

如果勤奋、思考……成为一种生活模式，就会大大提升成长效率，同时降低体验成本。然而，由于作为首任教师的父母大多经验不足、不够专业，并不清楚如何为孩子养成好的成长习惯，而“江山易改，本性难移”。一旦坏习惯养成，要改掉它，都是很难的。

另外，孩子还需要人生成长方法、社会经验、人脉，需要受到足够的监护，可以说，作为一个“作坊式”的家庭，无论如何都难以满足孩子的这些需要。

（2）建设性充足的学生金融

能促使上文提到的那些资源都得以满足的制度，就是建设性充足的制度。由上文可知，合伙制、分成制、股份制都是具有“利己利他”效能的制度，人们在自利的目标下同时成就了他人，先撇去友情不谈，从金融研究的角度，这类成长金融制度的重大特点在于：

第一，分工合伙共享，各司其职，各从其长；

第二，大家为利而来，有明确的效率目标，不做无用之事；

第三，只有做大了别人，才能做大自己。系统成长了，个体才能繁荣；

第四，外部资源能动监督的机制。外部合作者具有监督学生的激励。

与此相比较，有两类建设性不足的资金使用机制。

一种是慈善性资金使用模式。这类资金是出于对弱者同情的无偿捐助，给人的感觉是越贫困越需要帮助。捐助者不会将捐助对象的成长性作为决定因子，不会对捐助者施加回款压力，也不会施加成长压力。

另一种是债性资金。这种资金依据的是“欠债还钱”，只考察是否能还得起钱，不管所还的钱是哪里来的，合法不合法，光彩不光彩。这种简单刚性的合约不仅会使一部分资金需求者被排除在外，还会让借款者走入歧途。

简而言之，以上两种资金使用模式都缺乏合伙机制，对急需增值服务的学生建设性支持不足。

（3）破坏性的学生金融

建设性不足的学生金融稍不注意就会退化出破坏性，对学生的成长带来令人遗憾的效应。

比如，慈善模式可以理解为一种“德缘式股性学生金融”，其不要回报的特质所导致的供资人缺乏对学生成长干预激励效应，这至少会产生两个可能的后果。

一是一部分学生失去了“置之死地而后生”的机会，慈善变成了置学生于“落后陷阱”的帮凶。现实中，我们团队发现这些学生所缺的不仅是钱，更加需要的是理念、勇气、方法等。有的学生似乎“越帮助，越落后”，越来越深陷被动依赖的心理而不能自拔。

二是学生可能变为某些慈善者的“道具”。天下没有掉下来的馅饼，“百色助学网”、郭美美事件仅仅是被暴露出来的冰山之一角。这不仅害了学生，也将慈善市场弄成“二手车市场”，让“给点钱就能枝繁叶茂”的贫困学生的慈善钱源面临干涸的危险。

债性金融模式下，伤害学生的情况主要有以下两种。

①放大学生借款的非理性缺陷。

人们在一生中要面临非常多的选择，心理学表明，事事做到理性选择非常困难，何况是理性能力不足且急需用钱的学生。诱导性营销、方便快捷容易的贷款手续，放大了大学生贷款的非理性程度，但在还款时却要遭受违约公示、“裸条合约”等的威胁。

②股性学生金融的“人身依附”可能。

股性学生金融能给学生带来弹性、风险对称性、增值服务等好处，但由于学生在与股权投资基金的谈判中处于劣势地位，加之涉世尚浅，学生利益容易受到损害，也容易产生对基金的“人身依附关系”。需要中间机构来平衡双方力量。

孩子，你有想插上金融之翅，挖掘你的智慧，实现梦想的想法吗？你能设法让金融不伤害你，让它为自己服好务吗？让大家一起来探索其中的奥秘吧！

2.11　高校基金演化的逻辑序列

（1）引言

国内教育亟待优化发展，这是以下两大背景的要求。

①人才需求的新导向。

阿尔法狗完败人类围棋冠军，标志着人工智能时代的到来。这表明人的发展竞争进入了二维阶段：不仅传统的发生在人与人之间的竞争还要持续下去，更加重要的是人们还要面临与机器人的竞争。人的发展的竞争压力骤然上升。

人与人的竞争可以从智力、知识、情商等多个角度展开。若干年来，知识这个硬指标，成为筛选人才的主要标准。人们信奉“学海无涯苦作舟”“勤能补拙”的格言，出现了“衡水中学”这样极端的代表性例子，中国教育几乎进入了“贼喊捉贼”的竞争旋涡。

人工智能技术大范围运用是一个必然的趋势，人工智能将会在精力、记忆力、知识等方面对人类功能进行替代。人类的产业性态将会在短时间内发生重构。许多专家预计，未来自然人只能在创意、创新、创业等功能上与人工智能展开竞争。

②教育的国际化竞争。

信息化为经济的国际化提供了硬件条件，中国迎来重要的发展转型机遇。中国的经济体量达到世界之顶是必然趋势，中国面临不做“领头羊”就将被领头的两难选择。“领头羊”意味着必须在两个领域做出高水平的引领行动。

北京时间2015年12月1日凌晨1点，IMF（国际货币基金组织）正式宣布，人民币2016年10月1日加入SDR（特别提款权）。新的SDR货币篮子包含美元、欧元、人民币、日元和英镑5种货币，权重分别为41.73%、30.93%、10.92%、8.33%和8.09%。人民币纳入SDR是人民币国际化的里程碑，是对中国经济发展成就和金融业改革开放成果的肯定，有助于增强SDR的代表性、稳定性和吸引力，也有利于国际货币体系改革向前推进。这反映了人民币在国际货币体系中不断上升的地位，有利于建立一个更强劲的国际货币金融体系。对中国而言，人民币加入SDR既是IMF对人民币国际化进程的认可，也是中国对继续推动包括资本账户开放在内的金融改革的承诺。

中国的“一带一路”倡议，从战略重心多元化、经济贸易组织的突围、外汇资产的高效运用、产能的消化通道等方面讲，都是重要的战略组织平台。与之相呼应的国际金融组织是“亚投行”，截至2018年5月2日，亚投行正式成员国已达86个，对世界影响巨大。

所谓“领头羊”，不仅是在国际组织上，更重要的是在科技的创新上。

科技创新可以掌握军事、制造等方面的技术秘密，掌握外交与经济上的主动权。目前，中国获得诺贝尔奖的占比不高，表明中国创新人才的培养机制亟待优化升级。

技术的飞速发展与应用，只有通过孵化成产业才能得到价值回报，创业就是创新孵化的行为过程。中国的经济体量和廉价资源，使得创新精神拥有较低的落地成本。近几年来，也有 BAT 等多个创新公司崛起，但尖端技术的创业体量还有扩张的空间。

归根结底，构建与时俱进地培养人才的机制，是中国亟待解决的关键问题。

（2）学校与学生的可能关系

从专业化的角度来看，学校是人才培养的主战场，增强学校的培养能力，调动学校培养人才的积极性，是构建人才培养机制的关键。这需要弄清楚学校与学生可能存在的关系类型。关系不同，诉求行为不同，一般来说学校与学生之间可能存在以下三种关系。

①服务供给商。

教育总体上是服务业。所谓服务业就是售卖与生产融为一体的产业，服务商品其实是一组包含了静态产成品与动态生产过程的混合品。比如，空调是静态品，但安装、维修，甚至运输都需要供给方综合供给。

通常而言，教育是一个整合性产品，是产成品和教育过程两者的结构化整合。产成品表现为书籍、电脑、学习的物理空间、图书（馆）、体育场、校园环境等各种带有硬件特征的商品；教育过程则表现为教学过程，一般情况下，培训中心、网络课程、家教等主要提供教育过程。大家通常说的综合性大学，在教育产成品和教育过程两个方面提供得都比较充分。未来的教育，将会表现为这些整合品元素的分离性即专业化提供。

②监护代理人。

未成年人接受教育，几乎都会涉及监护问题。年龄越小，需要监护的内容越多，反之亦然。在教育分工的条件下，父母通常是监护的委托人，教育供给者则是代理人。幼儿园，特别是全托幼儿园，幼儿园的监护时段更长，监护内容更多，监护责任更大。

委托代理关系的孪生品就是“委托代理问题”。未成年学生的个性化强、经验不足、不够成熟，信息又不对称，因此会产生“委托代理问题”。在此情况下，最好的办法是采用父母专职带孩子，或多陪孩子，或开办家庭学校，但走向代理是必然趋势。

③隐性投资人。

家长与孩子的关系，除了血缘关系外，从金融经济的角度来看，显然是投资与被投资的关系。在中国有“养儿防老”“光宗耀祖”的说法，这是对投资关系的实证。“母校”这一词汇，又是对学校是学生的投资人这种关系的实证。

学校容易成为学生投资人的另两个重大原因就是产权的不清与教化效应的长期性，这种投资关系因没有正式的条款，而被看作是隐性关系；而对于国家投资的学校来说，学校就是国家的代表，政策性补助可以看作是学校对学生的投资，这时学校就变为一个显性的投资人。

（3）高校基金传统类别评价

所谓基金，从广义上说，是指为了某种目的而设立的具有一定数量的资金。主要包括信托投资基金、公积金、保险基金、退休基金，以及各种基金会的基金。从会计角度透析，基金是一个狭义的概念，意指具有特定目的和用途的资金。

此处，从广义的视角对高校基金的类别进行提炼与归纳。

①财政型基金。

尽管美国是一个市场化程度很高的国家，私立高校也从法律上确认了明晰的产权，但美国的联邦、州、地方三级政府对私立高校的直接财政支持拨款也是其重要的资金来源。2002 年以来，曾经由于经济和教育政策方面的原因，加上有些私立高校为防止政府的干预和维护自治的传统而拒绝接受资助，致使联邦政府的资助有所波动，但仍占总收入的 12% 以上。2007 年美国发生次贷危机以来，私立高校在投资收益等方面亏损巨大，但政府没有大幅度减少对私立高校支持的力度，相反正是由于政府的力挺，才帮助私立高校更好地渡过难关，2008—2009 年，政府的财政性拨款达到了私立高校经费的 33.9%（见表 2-11-1），而且财政拨款中联邦政府的拨款占了绝大部分，充分体现了高等教育的公益性特征。如私立大学加州理工学院总收入中，科研经费是该校的第一大财源，而联邦政府是其科研经费的最主要来源，约占总科研经费的 74% 。美国各级政府对私立高校（非营利）的财政性拨款占经费来源比例的变化趋势（%）如表 2 – 11 – 1 所示❶。

表 2 – 11 – 1　美国各级政府财政性拨款的占比（%）

年度	2002—2003 年	2003—2004 年	2004—2005 年	2005—2006 年	2006—2007 年	2007—2008 年	2008—2009 年
联邦政府	15. 73	13. 66	14. 06	12. 89	11. 07	14. 51	30. 44
州政府	1. 43	1. 08	1. 05	1. 02	0. 89	1. 33	2. 63
地方政府	0. 45	0. 36	0. 35	0. 34	0. 3	0. 38	0. 83
政府拨款合计	17. 61	15. 1	15. 46	14. 25	12. 26	16. 22	33. 9

②自筹型基金。

相对于财政筹资，高校自我筹集资金则属于自筹型基金。研究表明，20 世纪 80 年代初，美国 67% 的州立大学均设立了负责筹款工作的基金会，而该比例在 1987 年发展到 86% 。美国州立大学一般的资金来源比例，如图 2 – 11 – 1 所示。

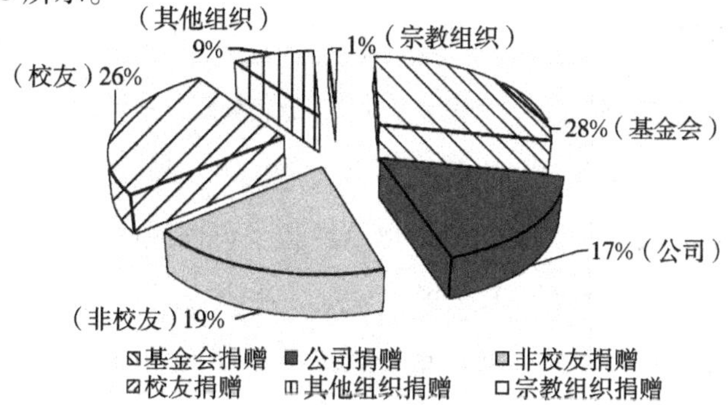

图 2 – 11 – 1　美国州立大学一般的资金来源

❶ 杜屏，魏新．美国高等教育机构的经费来源及启示［J］．中国教育政策评论，2012（2）．

据相关数据显示，截至2013年12月，我国已有405所高校成立基金会，其中已完成注册的多达110家，且大部分高校基金会均以私募的形式成立，其资产规模也各不相同。表2－11－2是中国、美国部分高校2014年捐赠规模对比。

表2－11－2　中国、美国部分高校2014年捐赠规模对比

中国		2014年捐赠规模（亿元）	美国		2014年捐赠规模（亿美元）
序号	大学名称		序号	大学名称	
1	清华大学	13.23	1	哈佛大学	11.60
2	北京大学	12.93	2	坦福大学	9.29
3	中国人民大学	7.07	3	南加州大学	7.32
4	浙江大学	5.86	4	西北大学	6.16
5	武汉大学	5.43	5	约翰霍普金斯大学	6.15
6	南京大学	5.24	6	康奈尔	5.46
7	深圳大学	2.99	7	德克萨斯奥斯汀分校	5.29
8	华南理工大学	2.98	8	宾夕法尼亚大学	4.84
9	福州大学	2.70	9	华盛顿大学	4.78
10	中南大学	2.26	10	哥伦比亚大学	4.70

资料来源：笔者根据《2014中国大学评价研究报告》以及互联网数据整理。

传统基金的共同点，在于资金的来去都是单一性转移支付机制，非营利性的资金来源决定了资金的使用也是转移支付性质的。也就是说，基本上是“转来转去”，这种不求回报的资金性质决定了资金供给者和资金使用者的行为标准缺乏效率特征。这些资金通过理财设法增值，等于弱化了资金的教育特征，投资于房地产、股权、股票、债券，不如投资于学生。

（4）创新高校基金模式

由上文探讨可知，高校基金的关键不是“捐来捐去”模式下如何争取管理权，或者如何促使基金投资增值的问题。这是因为，资金的来源决定了资金的使用，从而决定了资金管理的重点。如果将“捐来模式”升级为“投来模式”，必然会出现“捐去模式”升级为“投去模式”的情况。那么，基金管理的重点自然就不会是投到别的资产上，而是聚焦到“学生资产”上，出现了投资管理对象与资金使用对象高度重合的结果，这个结果正是人们所要的。

①中美高校基金的传统投资模式。

先说中国，20 世纪末和 21 世纪初，中国高校基金会的资产管理投资方向主要是以房地产为首的固定资产的投资以及银行存款为主，其收益相对较低。而伴随着资本市场的不断完善，以及资金管理能力的不断提升，高校基金会的投资管理能力也得到了迅速的发展。

再说美国，以哈佛大学基金会为例。在一般人看来，金融公司的资金管理能力是远超于高校的，因为市场机构拥有更加专业的投研团队，以及投资分析能力。但是哈佛管理公司却通过优异的历史业绩，说明了专业化管理不存在高校与市场之分，见表 2－11－3。

表 2－11－3　哈佛大学捐赠基金 2015 年投资组合及回报率比较

资产类别	HMC 回报率	市场基准	相对收益
美股	12.40%	7.20%	5.20%
海外股权	－1.80%	－3.80%	2.00%
发展中国家股权	－2.20%	－5.10%	2.90%
公募股权	2.90%	－0.50%	3.40%
私募股权	11.80%	10.80%	1.10%
公开债券	2.10%	－2.50%	4.70%
绝对收益	0.10%	3.50%	－3.30%
自然资源	3.50%	3.10%	0.40%
房地产	19.40%	11.50%	7.90%
投资回报率	5.80%	3.90%	1.90%

资料来源：根据哈佛官方年报数据整理。

②以学生为投资对象的案例。

下文的互助教育与晨星计划，就是对学生进行股权投资的两个典型案例。[1]

一是互助教育计划[2]。

互助教育计划是由志愿者发起，设在中国社会福利基金会的全国性公募助学项目。旨在为优秀寒门学子提供职业生涯和资金等全方位支持，受助学生承诺毕业后捐赠 1% 以上收入支持公益，实现爱心传递，以战略公益推动教育金融制度创新。

互助教育计划根据公式：〔拨款限额 = 筹款金额 + （芝麻信用分 - 600）×10 + 分享数（收支记录、读书和实习笔记等）×100 + 早起天数 × 10 + 主持读书会次数 ×1000〕来计算给学生拨款的多少。筹款金额为学生通过公益活动为自己筹的学费，支付宝芝麻信用的高低也会对申请金额起到影响作用，还有就是学生坚持分享笔记尤其是读书笔记的数量，在早起群签到的天数，以及参与主持读书会的次数。互助教育通过这些方面来衡量一个学生学习是否努力，是否值得资助。

加入“早起群”后的学生可以加入“每月一书群”，提升读书兴趣，有了兴趣后可以加入“每周一书群”，与导师互动，养成良好的读书学习习惯。“豆瓣小组”每周一书由互助教育计划志愿者于 2014 年 1 月 10 日正式创立，每人每周承诺阅读一本书，否则捐百元读书奖，目前每周已有超过 20 位寒门学子提交读书笔记，接受来自全球名校的学者和行业专家辅导，领取读书奖近 4 万元，有的学生已经获得投行等实习和工作机会。同时学生可以向“中国人寿悦读奖”投读书笔记，学生公开发表不低于 1000 字的读书笔记，在文中提及申请“中国人寿悦读奖”，并将读书笔记的正文、链接发送至“中国人寿悦读奖”豆瓣小组参与评选，就有机会获得读书奖，通过阅读赚生活费，更有线下的读书会可以参与分享。比起把课余

---

[1] 这两个案例，都是《教育金融制度创新》（窦尔翔著）所揭示的基于学生的分成制教育金融制度的理论的试验性实践案例，窦尔翔教授分别与这两个实践组织合建了“教育金融实验室”，窦尔翔教授作为两个机构的学术顾问对其进行理论指导。

[2] 核心信息由中国社会福利基金会互助教育提供（党军负责执行）。

时间花在打工上，这种读书赚钱的方式既可以让学生学到知识又能解决生活和学习费用，一举两得。

截至 2014 年 12 月，互助教育计划已经募款 586765.91 元，并提前为张加民同学拨款 20000 元。自 2015 年 1 月起至 2015 年 12 月止资助了 8 名学生，分别为程用杰、旺久、张程茜、吴王强、王荣寅、李鑫、徐静、买吐孙·木沙，共计金额 176200 元。自 2016 年 1 月起至 2016 年 12 月止资助了 7 名学生，分别为阿米乃、托合提·伊敏、张冰心、王荣寅、程用杰、董旭升、杨永红，共计金额 81390 元。学生拨款总支出为 277590 元，管理费用 29338.3 元，结余金额 279837.61 元。

目前互助教育计划资助的学生有的刚刚毕业，有的开始实习，有的继续深造，但是每一位签约的同学都承诺毕业后每月至少回捐 1% 用来资助其他学生以实现互助模式。另外，实习或者刚刚工作的同学可以入住研习社，不同专业的学生一起生活学习，了解不同的行业，开阔眼界，开拓思维。互助教育计划通过为学生提供业界导师、定期提交读书笔记等增值服务，学生的素质得到了较为快速的提升，有若干学生已经通过该计划，并得到了满意的和较高薪水的工作机会。

二是晨星成长计划[1]。

2014 年年中，九鼎使用人才股权投资理念，成立全资控股子公司黑马投资，联合逾百家上市公司发起推出晨星成长计划，进行学生的人才股权投资。该计划通过导师资源配置，实习机会提供，学生的眼界和素养也得到了迅速的提升。

原始模型晨星计划起初启用的模型为 $I = W \times R \times N \times i$（$I$ = 投资总额，W = 预估起薪，R = 回报比例，N = 回报年限，i = 投资系数）。然而，在既往的投资过程中，人才评估主要基于线下专家审核，人力成本高，主观性强。

之后换用基于未来薪资流贴现模型的自动化投资方案。该方案采用内部数据库和外部数据库相结合的方法，将内部数据库中的就业竞争力指数

[1] 核心资料由九鼎晨星计划提供（沈冲负责执行）。

与外部数据库中的薪酬相对应对未来薪资进行定价。对于个人竞争力评估指标，精选15个易获指标并为之赋权，进行专家打分。借鉴商业银行进行贷款定价时使用的成本相加定价模型，确定投资系数。认为个人投资系数 = LP保底回报率 + 晨星运营成本 + GP预期利润。

截至2017年3月，晨星总共投资5000人，投资额共计2亿，具体投资情况解构如下。

学校分布

学校级别	人数	百分比
985	1257	25.0%
211	1910	38.0%
普通一本	804	16.0%
普通二本	1056	21.0%
合计	5027	100.0%

年级分布

年级	人数	百分比
大一	1252	24.9%
大二	1332	26.5%
大三	1247	24.8%
大四	915	18.2%
其他	90	1.8%
研一	111	2.2%
研二	50	1.0%
研三	30	0.6%
合计	5027	100.0%

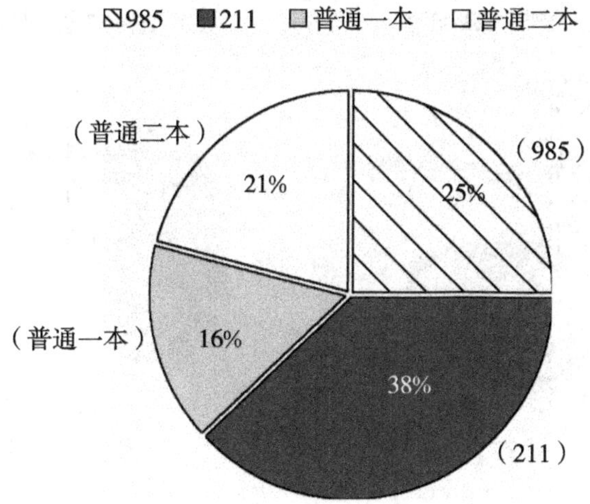

学校级别分布

学历水平分布

年级	人数	百分比
本科生	4746	94. 4%
研究生	191	3. 8%
其他	90	1. 8%
合计	5027	100%

地域分布

TOP5 地域	人数	百分比
江苏	637	12. 7%
天津	698	13. 9%
北京	582	11. 6%
广东	542	10. 8%
其他	2569	51. 0%
合计	5027	100. 0%

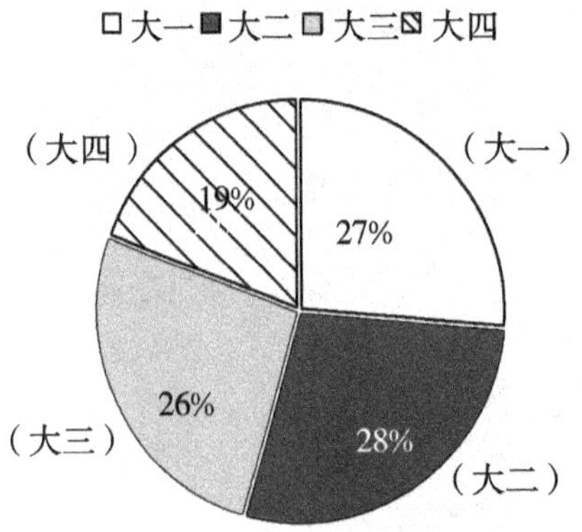

本科生分布

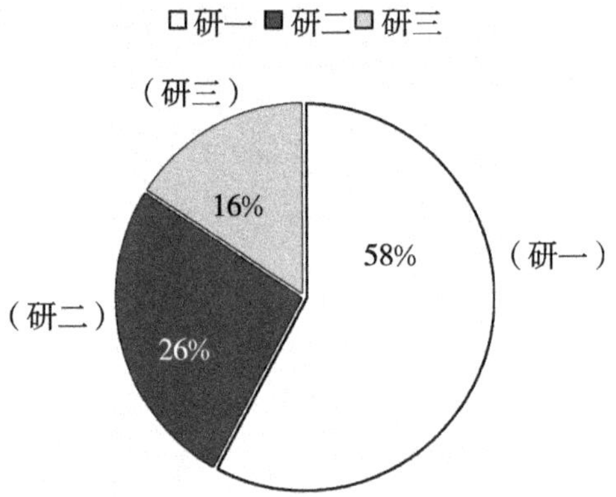

研究生分布

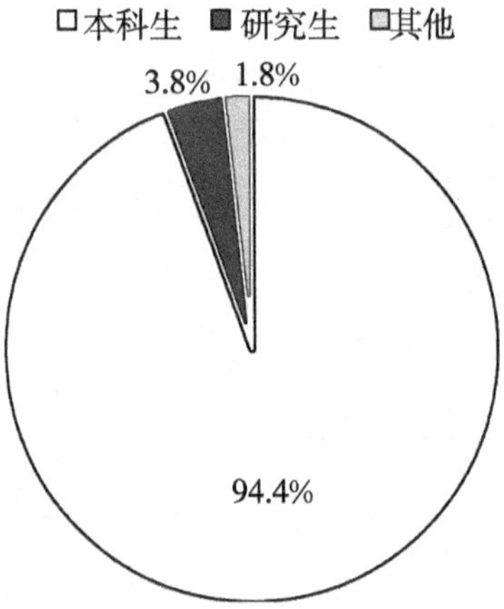

学历水平分布

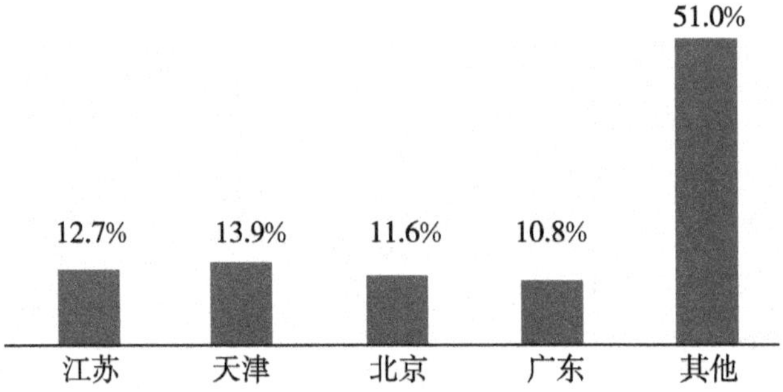

地域分布（柱形图）

③高校学生股权投资基金模式。

互助教育主要利用了中国社会福利基金会的无形资产以增强融资的便利性与学生成长资源的丰裕性；晨星成长计划则利用了九鼎集团的资金实力与学生所稀缺的业界实习工作资源。然而，学生作为投资对象具有教育的专业性，人才的筛选与培养并不是这两类机构的专长，学校在人才评价与教育实施方面积累了丰富的经验。因而，将高校传统基金改造优化为投资基金是一个代表趋势的制度创新。

如果考虑到学校之间避免恶性竞争，优化资源配置的情况，学校将会呈现为专业化的竞合模式。这时必然存在对学生爱好、潜能的有针对性的人才甄别，甄别能力的高低对培养结果有直接的影响甚至有决定性作用。只有学校作为投资主体时，才会对“人才甄别、教育决策、资源配置、教育实施、人才上市、职业重置”六个环节都十分重视。

当将“教育实施”环节外包给其他学校时，高校基金的投资对象将会得到量的扩张与结构的优化，这还会极大提升学校的专业化水准。让擅长教育实施的高校专心实施教育环节，让擅长投资的高校专门进行投资对象的选择与教育决策的做出。其他几个环节都可以适当外包。

④高校学生基金创新模式的“升维创新”。

高校学生创新基金还面临两个可以改进的问题：一是如何将素不相识的教育供求双方进行恰当高效的配置；二是如何调动更多的不同种类的资金参与学生的资金供给。

对于第一个问题，可以引入互联网技术、数据挖掘技术、区块链技术、人工智能技术、人机交互技术等各种信息技术，尽可能广泛地联结教育供求双方，更加重要的是揭示不同的教育供求者的禀赋特征，以提升资源配置的精准性。

对于第二个问题，主要引入影子抵押技术，为缺乏非系统信用资源和大系统信用资源的学生创造增量性质的小系统信用资源，让传统信用资源缺乏的学生得到融资福利；同时，启用劣后技术，调动政府资金、慈善资金、公益创投资金、纯粹市场资金配合小系统资金。从资金性质来讲，不管是债性资金、股性资金，还是母基金，都可以作为小系统资金的劣后对象。当然，小系统可以与外来资金形成债劣后、股劣后，以及债股劣后等多种组合形式。

因而，所谓“升维创新”指的是在传统教育产业的基础上引入信息技术与金融技术，形成基于教育产业的塔福模式，从诚信与信用两个层面的优化上，解决创新人才的培养问题。

（5）结论

以上研究表明，创新型人才的培养是当代教育的燃眉之急，然而传统教育的教育惯性难以改变，教育资源稀缺、教育重复建设的顽疾也难以克服。有没有一个综合性治理方案，答案是肯定的。简而言之，就是通过信息技术和金融技术同时“加持”学生成长“产业”。

2.12 学生“资态”与家庭贫富

所谓“资态”，在这里特指学生使用资金的艺术。学生“资态”高、觉悟高，就会为家庭其他成员的幸福带来增值。但这里说的“资态”高，不是让学生吃亏损己，“毫不利己，专门利人”；而说的是，“‘资态’高也要讲科学精神，也是有技术含量的！”。体现在家庭贫困问题上，学生如果能调整好“资态”，家庭就会减少贫困，增加个人与家庭欣欣向荣的可能。

北京大学出版社 2019 年 3 月出版的《教育金融抑制问题研究》（窦尔翔等著）深入探讨过学生花费对家庭资产配置的影响，特别提出学生花费对家庭其他成员的花费或者投资具有相当刚性的“挤出效应”，这种挤出效应，一方面会直接减少家庭成员当期的消费幸福感；另一方面会有连累家庭资产贬值的可能性，从而让家庭陷于贫困陷阱难以自拔。

（1）家庭出资缘何刚性

一是动物本能。不管是传宗接代的本能，还是性冲动的副产品，抑或是深谋远虑的资产运营，生育都有其逻辑上的客观性。所以，孩子生下来父母就得养，似乎是动物的天然使命。“虎毒不食子”“临行密密缝”，都是一种动物的本能。

二是法律规范。由于人的强“重生性”，需要“家庭胎”的接力式孵化，否则孩子在社会性上难以成为一个合格的人，变成家庭的负担，可能还会祸害他人。因而法律规定，既然生了孩子，就必须抚养孩子，这是责任和义务，否则要受到法律制裁。

（2）家庭刚性出资的效应

如果家庭投资孩子的效应是正值，家庭不仅会资财繁盛，而且会收获精神财富。但是，有些家庭生儿育女完全可能是相反的情形，出现投资失败的情况。

“令谷败家”的威力，李天一无知的遗憾，药家鑫残忍的代价……这些都是相对富裕的家庭投资失败的后果。更有太多贫穷家庭因为学生刚性投资和增值服务不足而带来令人惋惜、同情的结果。

有多少家长为了孩子或者哥姐为了弟妹，放弃了自己的成长，有的还得节衣缩食，有的放弃看病，有的则被“逼良为娼”。可惜的是，即便是这样，令人遗憾的是，有的孩子却仍然得不到市场的认可，导致投资于学生的净现值为负值，甚至“因教致贫”“因教返贫”。

（3）学生资产配置的原理

学生资产的配置涉及五大原理。第一个原理是“幸福最大化原理”。幸福反推为需求的满足，需求反推为使用价值资产的配置，使用价值资产反推为价值资产的取得，价值资产的获取模式就是金融。因而，幸福是金融资产的牵引器，金融则是幸福的推进器。

第二个原理是“需求均衡原理”。可以细化为“平层需求均衡原理”与“层次需求均衡原理”，前者指的是在某一时点上各类需求所能带来的幸福感的边际效应相等，后者指的是在某一时点的马斯洛六个层次需求的均衡。

马斯洛需求中每一个层次需求的幸福感都呈现无穷大到无穷小的递减规律；在低层次需求的幸福感下降到零之后再开始较高层次的需求，会得到最大化的幸福总值。但现实中，却出现幸福倒挂的夸张而错误的选择理念。

第三个原理是“节奏均衡原理”。人既不能为了眼前幸福而牺牲未来幸福，人当然也不应当为了未来幸福而在眼前“禁欲”。理论上讲，“T＋1”期的幸福总是T期幸福的函数。幸福最大化需要用“节奏均衡原理”来优化和改造“需求均衡原理”。

第四个原理是“连带均衡原理”。人的社会性决定了个人幸福感一定是本人与伙伴两类主体幸福感的函数。因而，个人的资产配置一定也是伙伴资产配置的函数。双方资产配置的均衡化，才能使个人资产配置的幸福值最大化。实践中，爱人、父母甚至他人的幸福都可能会影响到自己的幸福。

第五个原理是“风险均衡原理”。所谓风险均衡指的是人在不同阶段要与他人合伙联动，才能有效消解自己的风险。人在学生阶段、价值实现阶段与“残值消耗”阶段的风险具有不同特征，同一种资产其配置风险也不相同。学生阶段的人力资本投资具有较大的风险特征，只有股性合约而非债性合约才能带来风险均衡的效果。

（4）学生资产的状态选择

第五个原理表明学生阶段应当特别注意调动合伙性金融资源，以便获得两种效应：一是规避“贫困金融悖论”，避免“绑架金融”；二是以学生潜能挖掘、未来让利等机制吸引市场资本成为学生合伙人，为学生提供足够增值服务。实现“挖掘金融”向“扶贫金融”的飞跃。

学生阶段应当在通过助人为乐提高当期幸福感的同时，获得入股他人的股权资产，为日后在边际效应最大时使用这部分资本做好准备。学生阶段需要将时间、资金、精神、情感资产转换成思维资产、方法论资产，以便为一生的成长储备集约化资产。

2.13 用金融手段解决教育中的本质问题

改革开放40年来，我国教育事业获得了长足发展，九年义务制教育逐渐普及，人才数量有了大幅度增加。然而，随着国内外竞争的加剧，软实力竞争、人才竞争、教育竞争越来越成为国家竞争战略的重要组成部分。

2005 年温家宝在看望著名物理学家钱学森时，钱老感慨“为什么我们的学校总是培养不出杰出人才?”这就是著名的“钱学森之问”。“钱学森之问”是关于中国教育事业发展的一道艰深命题，需要整个教育界乃至社会各界共同破解。

事实上，在“钱学森之问”的前后，教育问题就已经越来越为社会各界所诟病。社会各界对教育问题的刻画可谓林林总总：一考定终生问题、高考移民问题、教育资源不均衡问题、教育投入不足问题、教育行政化问题……不一而终。2013 年（两会）期间，代表们也就教育问题进行了纷繁复杂的描述。

那么，如何从这些层次错综、眼花缭乱的教育问题中找到问题的根本？如何切实提高教育改革的效率？两会观察室专程采访了我们团队的北京大学的窦尔翔博士。

以下是采访的主要内容：

①窦博士，您好！我国教育中存在太多的问题，您如何理解这些问题的本质？

主持人好。我觉得我国教育中的问题可以用五个字概括“公平与效率”。他可以扩展为四个具体问题：其一，教育的“主观公平”问题；其二，教育的“客观公平”问题；其三，教育的效率问题；其四，教育改革的效率问题。

②您能否详细解释一下这四个问题？

好的。所谓教育的“主观公平”问题是指国家的政策法规的公平性问题。比如，高考制度的非公平性就是一个“主观公平问题”。其中包括用同一份卷子还是各省自主命题。是一年一次高考还是一年多次高考。是用考卷选拔人才还是有其他甄别机制？是只能在户口所在地参加高考，还是可以异地考试？全国各省的分数线一样还是有差异？是否要收借读费和择校费？

所谓“客观公平”是指获得教育机会的条件下，学生不受教育资金的约束。如果学生教育资金不足，失去了教育机会，将会带来极大的机会成本，也可能带来代际之间的恶性循环。形成“教育不足—贫困—教育不足”的“循环陷阱”。

所谓教育效率问题是指学生能否虑及个人的喜好、个人潜能、家庭诉求、人才需求等多重因素做出正确的教育决策；学生能否根据教育决策配置合理的课程；学生能否选择正确的教育目标实施教育过程；学生能否掌握充足的人才供求信息并与用人机构平等谈判；当人力资本积累发生变化或者企业内外环境发生变化，两者不相匹配时是否有高效的人才再配置机制，等等。

所谓教育改革的效率是指发现教育问题后能否做出正确有效的改革决策、实施有效的教育改革过程、达到理想的改革目标。教育改革机制是改革效率提升的重要手段。教育改革机制包括计划机制、市场机制以及混合机制。

③您认为解决好这四个问题的关键是什么？

把握教育规律、提升教育理念。我先介绍以下几大教育规律：

一是要弄清楚教育需求方和教育供给方的关系。很多人的回答是：二者是“交易关系”，或二者是“服务与被服务的关系”。这些回答总体正确，但详细来看不够准确，这种“差之毫厘”的理解导致人们很难找到教育的症结所在。准确的说法是二者是“委托加工”或“来料加工”的关系。可以类比的生活中的例子是理发：学校是理发馆，教师是理发师，学生是被理发者。这种关系给大家一个重要的启发，揭示了学生、教师以及学校之间应当具有一种自由选择的关系。学生可以根据自己的资源禀赋选择不同的“理发馆和理发师”，反之也一样。总体来说，学生可以选择教师和学校。学校之间、教师之间必然会产生竞争，促使学校和教师为学生提供物美价廉、专业化的服务。

二是要弄清教育的完整过程是一个什么状态。就我们团队的研究，对于某一个学生来说，高效率的教育，其完整过程是一条由多个环节形成的“链”，而不是一个单个的“教育实施环节”。完整的环节包括：“教育决策环节”“教育资源配置环节”“教育实施环节”“人类资本积累者上市环节”“人力资本积累者再配置环节”。现实中，“因材施教”中的“因”就是教育决策环节中的人才甄别环节。再比如，教育实施过程自身要求有明确的教育目标。

三是要弄清楚教育究竟是一个公共品还是私人品。教育不是一个单纯的商品，而是一个“复合品”，既是公共品，也是私人品。其商品总值总体来说会随着教育周期的延长而不断增加，但在一定程度上也会出现反向关系。教育的公共性和私人性的权重会随着教育周期的变化而变化，教育私人性的最低点会随着周期的延长而后移，等等。这些都给教育成本分担提供了依据。

④那么，如何理解您说的“教育理念”，如何“提升教育理念”，新的教育理念有什么意义呢?

教育理念分为两个层次，一是将教育当作一种消费；二是将教育看成是一种投资。在市场经济条件下，将教育纯粹当成一种消费的理念较少。“教育投资理念”又分为两种，一种是个人或者家庭作为投资人的投资，称为“内源性投资”；另一种是个人和家庭以外的人对教育需求方的投资，称为“外源性投资”。

投资所形成的是股性合约，它和银行贷款等债性合约有本质的区别。外源性投资会产生教育供求双方以外的“第三方”，投资方将与学生的利益函数一致，产生“风险共担，收益共享”的“利益捆绑效应”。这个第三方会专业化地承担原来由学校和学生完成的功能，由此产生“分工效应”，特别是学生将从繁杂的事务中解脱出来，专事学习，这会促使教育效率的提升。还会增加学生与家长、学校、企业等教育参与者的谈判能力，这样也会提升教育效率。

⑤外源性教育投资理念是如何促进教育改革机制完善的?

原来的教育改革机制的最大特点，是“自上而下的改革”，更多的是一种强制性制度变迁，因而是一种“计划改革”，属于“行政机制”。大家知道，改革的目的是提升教育的公平性和教育效率，哪一种机制有利于这两个目标的实现，就应当采用哪一种机制。股性合约下，投资方作为“第三方”具有主动弥合及整合教育链的激励，也具有专业化分担教育供求双方功能的激励，从而能形成自发促使教育效率提升的效果。

⑥外源性投资对于提升教育需求方的资金可得性有何意义？

外源性资金的供求双方的金融依据是对教育需求方未来收益进行分成。只要双方能够能就分成率和分成期限达成协议，这种资金的均衡量具有“无限扩大”的趋势，这将会大大增加教育需求方的资金可得性。

外源性教育投资作为一种以往所未曾典型存在的投资属于一种新型的教育资金筹集渠道。它不仅能放大原有的社会捐助资金、财政转移支付资金、助学贷款资金、家庭资金，还能提升这些资金的运行效率。

其核心原理在于股性教育资金的“增信功能”和“信号功能”。股性资金作为一种剩余索取权相当于为原有资金特别是债性教育资金提供了信用增级，从而会激励债性资金的增加；所谓“信号功能”是指不管哪一种资金，都应当有效使用才是帕累托最优。由于股性资金具有促使教育效率提升的内在冲动，因而股性资金的投向会激励其他各类资金“搭乘信号便车”。

⑦教育需求方资金可得性的扩展有什么重要意义？

简而言之，有三大重要意义：

其一，是人类持续发展的保证。现有的认知水平下，人类社会的发展模式也不断面临新的挑战。2012 年冬季达沃斯论坛的“转型”主题充分说明了人类发展面临模式困境，急需胸怀全球、能够理解和治理全球系统性问题的创新型人才。同时，在现有的资源利用模式下，人类的自然资源和环境资源将面临不断缩减的挑战。如果不能有促使旧资源新利用和发掘新资源的新技术及时出现，人类必将面临灾难。只有能够充分挖掘所有人的所有潜能的教育机制的存在，才能为人类转型提供人才前提。

其二，是参与国际竞争的重要手段。国家竞争归根结底是人才和教育的竞争。哪一个国家教育更有效率，哪一个国家就将不仅会通过教育有偿服务增加本国的收入，而且会不断沉淀人才提升本国的创造力，更加重要的是教育过程会增加受教育者对东道主国家文化的认同感，从而对他国形成更强的威胁。

其三，是解决社会公正的重要手段。从客观规律上来讲，教育需求先于教育供给。教育需求方如果有足够的资金，教育供给方的存在因为有现金流的支持也会派生性地得到繁荣。当教育资源的供给脱离了短缺的羁绊，教育抑制将会缓解甚至消失，也将不存在教育的公平问题。当每一个人都能有足够的钱上学的时候，个人将会逐渐远离“失学—贫困”陷阱。

⑧你能否用一句话来评价一下教育创新？

教育创新是一种责任，教育创新更是一种美德。

2.14　创者稀缺源于增值机制缺失

“为什么我们总是培养不出拔尖人才？”钱学森之问，其实是问出了我国许多领导者以及全国人民的心声。这既是一个教育模式之问，更是一个对中国成长的“世纪之问”。中国，若再不提升拔尖人才的自主生产能力，不给拔尖人才以生产力转化的制度环境，中国将不仅失去大国崛起的机会，也会连几十年来的改革成果都丧失殆尽。

所谓拔尖人才，表面上指的是高科技人才，比如诺贝尔奖获得者，但实际上指的是创新人才。创新意味着边际突破，创新意味着从0到1，创新意味着非同质化。非同质化揭示了“拔尖”的本质，如果大家都在同质化的排序机制中努力，拔尖的就会只有一个或者那么几个人，拔尖就会付出惨重的代价，拔尖就会导致幸福感的丢失。

差异化意味着多样化，多样化意味着质的垄断性。那么人才如何才能有效地取得垄断地位呢？曰“成本收益”大法！其有两个重要的法门：一是“潜能法门”。这需要科学的意识，科学的态度，科学的手段，科学的程序流程。潜能挖掘，如同挖富矿，可以减小冶炼成本。所以“潜能法门”本质上是“成本法门”。二是“兴趣法门”。这需要敏锐，需要细心，需要观察。既需要发现，也需要培养。既需要兴趣唯物主义，也需要兴趣辩证法。最后达到让兴趣成为习惯，那么兴趣即是幸福。所以，“兴趣法门”也是“收益法门”。

挖潜能、育兴趣、养习惯不仅需要耐心、需要资源的耗费，更需要科学技能，必须通过理性、科学、专业化的增值服务才能得到。这不是一个家庭担当得了的能耐，也不是当下类型的学校兴趣之所在，而国家此刻面临虎狼围堵的境地，难免需要处理应急性事务。创新人才唯有靠市场深度孵化。

其实国家已经敏锐地意识到人才对于发展的重要性，一直在鼓励创新、创业人才的培养。但是，如同只有“打土豪分田地”，才能有“兵民是胜利之本”的论断一样，必须寻找到一套机制来让“双创”有动力落地生根，而不仅是靠号召、靠热情、靠短期运动、靠形象工程。

该机制的首个特点是要有顶层设计，就是“人才大产业链观”。一国的大产业链可以描述为：制度的生产—人才的生产—“迂回的生产”—纯消费品的生产。只有这条供求链有机成长，一个国家才能顺利成长，大国地位就只是一个副产品。大国是靠一个一个大师“推起来”的。

如果说，人才的生产是“迂回生产的迂回生产”，那么制度的生产则是“迂回生产的迂回生产的迂回生产”。这不只是个词汇游戏，更重要的是想说明，当前所倡导的“供给侧改革”，其源头在于“人的生产”，其源头的源头则在于来自高层的“制度供给”。按萃智理论来说，制度供给就如同为人才成长提供一个“场”。

既然制度包括诱致性制度与强制性制度两种，那么制度供给的核心在于一方面国家要设法放开“人的生产”的市场化探索，让市场产生高效率的人才成长的诱致性制度变迁；另一方面国家需要主动提供人的生产所需要的一系列政策支持。比如，税收、法律、制度、平台、试点，以对诱致性制度变迁加以肯定与推广。

任何可持续的制度变迁向来都是要核算成本收益的，因而制度变迁也向来都是有投资意识与资本理念的，从而只要能达到收益目标，必要的时候人格化的资本必然会以资本为纽带联合起来，以促进拔尖人才脱颖而出的制度进化。

既然“生产拔尖性人才”需要单个主体不能完成的专业化的增值服务，那就需要诱致性拔尖人才制度与强制性拔尖人才制度通过资本纽带联结起来，即需要国家资本与社会资本的联动。这种联动不仅是制度资本的联动，也可以在具体的单个人的培养上进行两种资本的联动。

诱致性制度变迁，大多起于民间，不像国家那样要求必须具备国际层面的宏观视野。比如，人们只要觉得“养儿”可以防老，那么夫妻就会以各自特有的资本为纽带联合起来。甚至在特定环境下，关于生几个“儿”，让哪个“儿”向哪个方向发展，都有理性意识和投资理念在起作用。资本意识强一些的，还可能会在“儿子”成长资源不济时讨饭、借贷，或者引入“拜亲”模式等外部资本来提升育儿效率，有的甚至将“儿子”整体转让，以促成其潜能得以发挥。在这些模式中，投资是资本联动最强的形式，而股性因子是投资的本质所在。归根结底，创新人才需要增值服务，股性因子的资本则是增值的机制性致因。关于学生作为体能与智能的出资者应当如何与外部资本相结合才能获得增值服务，之前谈了很多，在此不再赘述。

除了国家、家庭、学生可以作为学生的投资人，采用血缘亲缘式、德缘式、法缘式等股性资本纽带之外，学校这个与学生关系特殊的组织也容易与学生形成类似德缘式的股性投资关系。“校友捐赠基金—捐赠给校友—后续校友的捐赠”，形成一个循环往复首尾相接的闭环，其动力机制则是在捐赠表象下股性心理合约所支撑的良性运行力。密涅瓦大学的机制魅力也恰巧在于其将学生看作是自己的投资对象去行事的缘故。

最后，想特别强调一下何谓“创者”。一个意思是就业者的反义词，即为就业者创造就业岗位。从更加本质的意义上看，所谓“创者”，是指不管是创业者还是就业者，都能根据自己的兴趣发挥潜能，能在边际上提供突破性价值的那些人。其实不管是个人还是国家，希望与他人或他国互补竞争、共赢竞争、和谐竞争、可持续性竞争，就需要创新竞争，又需要创业竞争。

要成为一个创新型国家，各行各业都需要创新型人才。需要善于创业的人才，也需要善于就业的人才；需要高科技的人才，也需要政治的、经济的、军事的、文艺的、社会的人才；等等。所以，为了将更多的人才囊括进来，不妨将创新人才概括地称为“创者”更加妥帖。

目前阶段，国家存在利益之争是正常的。我国的创者应当具有以下战略意识：

①国家战略智慧是最终决定国家成败的智慧，唯有国家才具有影响全球格局的实际能力，才有组织全国力量的真实资格。唯有国家强大了，个人的能力才有发挥的平台。

②充分发挥并吸收民间智慧是国家智慧的重要内容。要形成一个“三层级”的智慧传递机制：实践层面要讲究试点，研究层面要讲究“片面性”与可能性，行政层面要讲究全面性与可行性。三种智慧各有特点，不要混淆和替代。

③多为国际市场生产高附加值消费品。日本的马桶盖、机器人，美

国、日本、德国的汽车产品业，美国的电脑与手机产业，韩国和美国的游戏产业，韩国的娱乐、美容业，发达国家的奶粉、医药产业，等等，都是值得大家借鉴的。垄断性消费品不仅不容易被反倾销，而且会得到更大的附加值，并且受全球经济危机的影响相对较小。

④多为国外提供具有自主知识产权的“迂回品”。自主知识产权产品是全世界各国的“普爱品”，不仅通关容易，附加值高，还能到其他国家以技术换市场，进而获得产业链布局权，市场控制和获利的威力巨大。

⑤少为国外提供预备人才。国内的一流大学人才被国外加工贴牌，有的留在国外为人家所用，人才流失严重，有的则由中国政府出高价买回，人才交易成本高昂。现在要做的是要将这个机制倒回来，中国应当构建非常时期的非常机制，形成“高性能人才”生产基地，“虹吸”各国英才“坯子”。既获得培养收益，又获得人才外溢效应。

⑥多为国内个人提供“生产型”消费品。所谓生产型消费，就是有利于促使国内自然人成长的消费。例如，能提供好的价值观、增强自信心的精神消费品，能解决抑郁、焦虑、自我关注、固执的心理消费品，能促进智力以及智力器官终极能力提升的智慧消费品，以及健康、安全、营养的物质消费品。

⑦从年龄上来讲，创者不仅包括可塑性强的学生，还包括体智更加成熟的工作者，也包括尚有余热的老者。要激励每一个阶段的人都能够创新成长。年轻学生重在挖掘潜能、寻找兴趣、发展天性；工作者重在“干中学”，干中成长，并在必要时重置自己的成长资源；老者则重在将自己的余热通过机制贡献出来，同时实现健康养生。

⑧人的一生是寻求幸福的过程，是通过资产的生产化配置让资产价值最大化的过程，也是通过资源的消费化配置让幸福最大化的过程。要追求效用最大化，配置就是一种专业能力，相对来说，学生最需要股权资本人格提供配置技巧，老年人则更适合外包式的资本人格提供的配置，工作者则介于其中。当然，要获得深度配置，最好的办法是在老、中、青三种状态中都引入社会股性资本。

总之，股性资本机制，可以促成市场化增值服务进入人的成长过程，可以挖掘人的潜能、人的多样化兴趣，增大人的习惯资源，为人的成长提供各类生产性消费资源。这样，个人的幸福感增强，国家的人力资源增强，国家创新发展就有更多的社会动力。

2.15　变现你的比较优势

人的比较优势有两类：一是人和人比较；二是人自身的“财富”结构会随着时空与评价者的不同发生变化。

（1）竞合创意

从小国人中的大多数人接受的教育是竞争教育，说要做“人上人!”这种谬导，让有些国人心态扭曲，幸福感极大下降。

原因很简单，“人上人”是一种简单化的排序，这种形态的秩序可以叫作“序列秩序”。如何保持这种序列秩序？那就是制造排序标准，而且标识物要明确易辨。无疑，最合适的标识物是金钱、房产、穿着、公司的数量、考试的分数。

但人们现在越来越感觉到“竞合”的重要性，这就对了！竞合倒逼人们抛弃简单排序的恶行，避免恶性竞争的恶果。

每一个人都是个性化的，每一个人的手指印都不一样，每一个人都有自己的偏好与禀赋！每一个人在禀赋点上可以做到最好，每一个人都有机会成为大师！每一个人都有成为“王者”的机会，每一个人都有被人称作“先生”的机会，人人幸福，不就皆大欢喜了吗？

你的幸福定位于竞合，而不是竞争，那么你就拥有了比较优势，有了促进人类进步的基因，你就会在合作中变现你的比较优势。而相反，简单排序竞争则使人类恶行百出，迟早走向灭亡。

（2）千姿百态

哪些比较优势可以变现呢？很多，千姿百态，就看大家能否有一双慧眼！

第一种是交易变现类。比如你生产的油质优、味香，你种的蔬菜没有农药残留，你卖东西童叟无欺，你的售后服务像青岛地下通道中的螺丝钉！你提供的产品功能明晰、特征明显、指标细化……这些好的、内涵明确的东西更容易变现！

第二种是未来变现类。就如同股票股权一样，你创办的企业被人看好，你将你的股权转让了，你未来的收益变现了；就像大卫·鲍伊一样，你可以将自己的版权、专利、商标等知识产权证券化来变现；你若足够被人看好，也可以将未来收益的一定比例在现在出售来变现！

第三种变现是信用资源变现类。假如你贫至无抵押、无质押、无担保、无供应链金融等非系统性信用资源，假定你的国家无法给你提供丰裕的大系统信用资源，那么只要你这个人诚实守信，假定别人认定你欠债必还，那么你照样可以得到现金这个高能信用资源的眷顾。

(3)“域”见未来

可是你看看现实，每一个人都说自己的东西好，甚至用金丝带绑着燕窝虫草，收购各种大家青睐的棒公司、好项目。很多饭馆都把自己的饭做得色、香、味俱全。但是大家的消费体验却往往令人感到欷歔。

茫茫人海中，如何才能与诚信的人相遇？这是一个严肃的问题。

善男对信女，如何才能找到最爱？这更是一个严肃的问题。

这些问题唯有在“域”中才能解决。

五大类信息技术齐出动，将你所拥有的物、你的现金流载体、你的“道德”特征全方位挖掘揭示，揭示细分指标、揭示绝对指标、揭示相对指标、评价你的诚信、评价你的信用……并让好物好人留在域中。

域为你提供各种福利，让你感到备选项就像在超级市场一样琳琅满目，触之可及；你若是一个企业，你感觉就像回到“企业之家”，有人帮你做广告，有人帮你做外包，有人帮你挑选最合适的合作者，有人为你提供低成本的资源半成品。如果你是个人，你会很容易找到你想找到的成长资源、消费资源。

在这里，不管你是自然人，还是法人，你不用怕你融不到资，你只要认可“域”的价值，你能将自己与“域”紧紧相连，让“域”确信对你的吸引力足够强、黏度足够大，你就可以得到“域”的信用加持，你就可以得到来自“域”投资人的供资跟进……

要变现自己，就得让众人了解自己；要变现自己，就得找到令人信赖的交易对手。唯有到条分缕析、通透道德的“域”，才能实现你的梦想。想变现自己吗？来吧，找一个明亮、直快、诚信的“域”之家，安顿好自己烦躁的灵魂，做一个专注的工匠，展示自己的比较优势，你就会富裕、幸福、前途无量。

第 3 篇　教育塔福模式

3.1　两种技术倒逼教育演化

自美国“次贷”危机以来，世界经济逐渐疲软，许多国家一直艰难地试图但却难以在希望的期限内走出困境。不少人感慨“世界缺乏精英”，我们团队认为这个观点值得深思。在世界能源与环境问题日趋严峻，全球化不断加深的大背景下，人类既需要扩容整合资源，获得配置收益；还需要创新获得边际新资源。这表明，人类需要新型精英来驱动这两大命题的实现。大家不禁要问，新型精英如何得到？之前的教育，大多处于原始的家庭作坊式的育人模式阶段，之后则需要大家自觉思考如何促进教育的现代化，自觉培育高端人才。

中国处于发展的十字路口，在这个充满竞争的环境中，要么创新人才养成模式，引领世界；要么又要逐渐遭受一个逝去的阶段。“中国梦”主张全球竞合，是追求全球持续复兴之梦。随着美国的崛起，以美国为代表的国家，其教育发展引人注目，其中招生模式、选课制度、培养风格、高校基金治理模式、科技孵化制度、MOOC 为代表的科技在教育中的运用等，说明高品质教育都是在一系列科学的子制度支撑下的。中国出国留学人员每年有 20% 的增速表明中国教育的相对优势不断降低，乃至到了子民“用脚投票”中国教育的程度。中国教育权的丧失，不仅是一个文化经济现象，更加重要的是人们将会面临意识形态的危机。走出国门，整合世界的梦想难度会更大。

目前，人们只是慨叹可汗学院与扎克伯格的公益教育之美，热谈

MOOC 给学校带来的创变压力，高调且烦乱地摸索创新教育的方法，但很少有人能够冷静地从更加本质和规律的层面上理解教育事务，为大家提供系统诠释古今中外教育现象的思维框架，并能准确预测教育发展的方向与节奏。本文的重要意义在于从"反转"、金融、虚拟化等三个层面上拓展教育内涵，形成对教育相关规律进行认知的成果，为大家寻找教育优化路径提供支撑。

(1) 教育中的三大原理

在人类之前的文献以及日常认知中，就存在很多被人们认识到的教育规律片段，如"因材施教""三人行必有我师""教学相长""处处留心皆学问""社会大学""兴趣是最好的老师"……重要的是这些点状或片段性的认知边界在哪里？它们之间的关系如何？为什么有了这些经验之谈，教育却依然不如人意？人们仍然觉得教育似乎是一个非常神秘的事？最大的问题就在于人们尚没有从宏观、微观、中观三个层次对教育进行本质、完整的认知和表述。下文试图通过以下三个方面来阐述教育中的三大原理。

①教育成链原理。

所谓教育成链原理，指的是一个人接受教育，不能将思维一下子就局限在学校里，从逻辑上讲，学校的首要功能是"来料加工"，是按需实施教育过程的环节。事实上，除此之外，向前看还包括"禀赋甄别""教育决策"，以及"教育资源配置"环节；向后看则包括"人才上市"，以及"人力资源再配置"等环节。从经济学上看，当每一个环节的边际收益相等的时候，教育的总效应就最大，如图 3－1－1 所示。

图 3－1－1　教育成链原理

说得苛刻些，现实中的教育大多是向前环节、向后环节都往往稀缺的"无头无尾"式的教育，既是缺乏决策的教育，也是缺乏应用的教育。难怪钱学森会问“为什么我们培养不出拔尖人才”？其实还应当更加严厉地质问：“为什么我们培养不出多少有用的人才？”很多本科生四年光阴虚度，所用非所学，即便所用所学也“品相不够高”。人们之前一直觉得这些问题是个谜，现在看来问题就出在教育环节的不成链。关键的问题是如何才能使教育成链？

成链的方法有两种，一种是学校的泛化拓展；另一种是社会力量进行环节整合。前者指的是将各个教育环节看成是学校向市场拓展和泛化的结果，由学校和市场组织建立某种联系，或者股权，或者贴牌，或者其他战略合作。这可以看作是以学校为核心的传统整合模式；后者指的是以学生为核心的创新整合模式，方法是社会力量与学生形成股权关系，社会力量会与非学校的教育环节形成股权、贴牌，或者战略合作关系。

②目标成层原理。

所谓目标成层，指的是当大家决策或者实施教育的时候，究竟目标是什么？之前很多哲人、仁人都讲过教育的目标，但是大家各执其词，不一而终。作为决策者或者百姓，究竟应当信谁的，确实是个令人迷惑的问题。

比如，有的人说，教育是培养博雅之才，有的人说教育是发现自己，有的人说教育应当是公民教育。我国曾经提出要培养又红又专的人才，后来又提出要培养德智体美劳全面发展的人才，现在我国则大力强调要培养创新型人才。

其实教育的目标必须接“需求”这个“地气”。无论如何，都要培养有用的人才。但这个需求是动态的，而且既有共性的要求，也会有个性化的要求。简要来说，这个目标是由一般素养、专业素养与就业素养三部分组成的一个综合性目标，其权重会随着情况的变化而变化。

$$T = aD + bS + cO$$

其中 a、b、c 分别是权重，T、D、S、O 分别代表目标（Target）、一般素养（Diathesis）、专业素养（Specialty）、就业素养（Occupation）。

综合目标的结构性变化如图 3－1－2 所示。

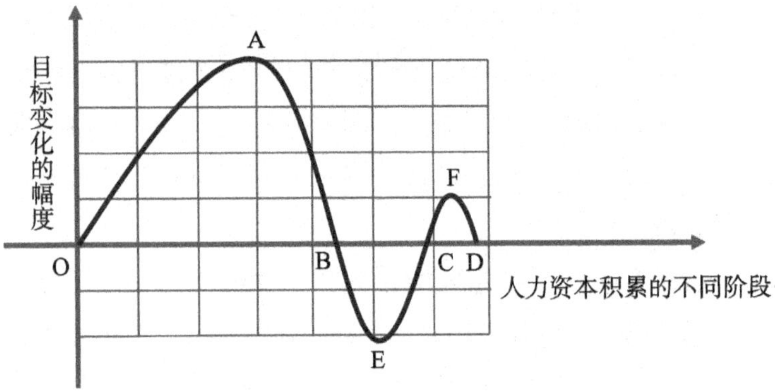

图 3－1－2　综合目标结构演化图

图 3－1－2 中，纵轴表示目标动态变化的幅度，横轴代表不同的人力资本积累阶段。点 A、B、C、D 分别是目标调整曲线与横轴的交点，点 E、F 分别是目标波动线在不同人类资本积累周期上所能波动的峰（谷）值。其波动服从以下规律：其一，越靠近人力资本晚期，培养目标调整的幅度越小。反之，培养目标调整的空间主要在人力资本前期。即：靠前的 OB 周期的峰值为 A，中间的 BC 周期的谷值为 E，靠后的 CD 周期的峰值为 F，那么其峰（谷）值的绝对值越来越小；其二，以上大学为例，人力资本积累的早期，重于基本素养和专业素养的提升，培养目标相对稳定，调整频率不高；相反，在人力资本积累的晚期，则注重专业素养的拓展以及职业素养的提升，职业选择更要联系市场的动态需求，培养目标变动的频率相对较高。即：OB 大于 BC，BC 大于 CD；其三，造成前两点的原因在于人力资本积累的顺序结构及其权重随人力资本积累周期发生变化。早期主要是学生潜能的发掘与兴趣的发现，中期主要是学生专业素养的培育，后期则主要是培养学生的职业素养。用字母表示就是：前期，a 大于 b，b 大于 c；中期，b 大于 a，a 大于 c；后期则 c 大于 b，b 大于 a。

然而，从人们对结构的理念来看，我国目前的大学生和研究生在学校安排之余，多对实习和考证趋之若鹜，好像考上大学就等同于毕业一样，而对专业的有效挖掘和对基本素养的挖掘存在重大遗憾，导致大学生成长浅层次化、同质化，不仅导致成长不力，更导致就业上的恶性竞争。这里的就业并不等同于技校训练，技校训练与专业化培养是一个道理。目前，发达国家，特别是美国知名高校的教育，都十分重视基本素养的养成。无疑，我国教育的目标结构也应当从倒三角向正三角调整如图 3-1-3 所示。

图 3-1-3　目标结构理念的变化

那么，一般素养的内涵是什么？我们团队提炼了诸多理论和实践，觉得“观察能力”“学习能力”“表达能力”“组织能力”“创造能力”“人格魅力”等六个方面的能力基本可以抽象和代表人的基本素养。它们两两一组，前两组表示信息的输入，中间两组表示信息的输出，最后两组表示了人的素养的性质或者评价。

③主体成系原理。

所谓主体成系指的是促进学生成长的主体成分是多样化的，一般而言，包括国家、家庭、学生本人、学校、企业、社会资金力量。以上提到的主体成分并非缺一不可，但如果将主体转化为功能去理解，则一个功能都不能缺少，否则会影响学生成长的动力力度，甚至损害学生成长的效率。主体与功能转化的法则是，每一个主体都有其元功能，但也可以对学生成长发挥派生功能的作用。其转化模型可以近似地用表 3-1-1 来表达。

表 3-1-1　教育主体与功能转化矩阵

元功能 主体	政策法规	生育情感	实施内因	实施外因	人力消耗	资金资源
国家	政策法规	D	—	D	C	A
家庭	C	生育情感	A	B	B	A
学生	D	D	实施内因	—	A	A
学校	C	A	D	实施外因	D	A
企业	D	D	—	B	人力消耗	B
社会	A	A	—	C	—	资金资源

在表3-1-1中，横向框中的值是各个教育主体的元功能，大写英文字母（A、B、C、D）代表强度级别，一字线（—）代表没有响应的元功能。其实，一个主体如果发挥了元功能，一般人无权批评该主体未能发挥其派生功能。不过，有些主体具有天然发挥某种派生功能的长处。比如，家庭不管是作为生育子女和监护子女的角度，都与孩子容易形成相当好的信赖关系，因而“父母是第一任教师”的说法显然是有道理的。家庭作为孩子以血缘为纽带的股权投资人，当然也是孩子的最重要的投资人之一。其实，家庭甚至通过“家法”“家规”“家族企业”还给孩子提供更多的派生性功能。

再比如，学校的元功能是“来料加工”性质的教学功能，这种功能在理发或者培训中表现得淋漓尽致，此过程实际上是服务商品的交易过程。因而，学生、社会、家庭还是国家都不能对学校和教师有硬性的法律上的过多要求。然而，由于学校方便为学生提供生活、学习场所，因而应当履行为学生提供人身保护、绿色资源等义务；由于学校能发挥“传道”这一教化精神、影响心理的功能，学校对学生人生观的影响是深远的，甚至有甚于家庭，因而容易成为一个典型的股性投资者；更重要的是“教育是一个信息不对称行业”，因而“教育是一本良心账”，这说明学校与学生之间形成股权关系是理性的选择，教师与学生可以形成内涵为股权关系的师徒关系。今天经常出现让人寒心的师生冲突，原因是校生、师生关系简变为一种商业关系，即基于教育服务的买卖关系。

表象上看，企业仅仅是毕业生的使用者或者消费者，这是企业的元功能。其实，企业还应当是学生的教育实施目标和内容的影响者，否则培养的学生不接地气，不适合企业要求，不仅学生面临毕业即失业的情况，也耽误了企业的发展。企业再对学生进行回炉式培训是一种浪费资源的无奈之举。通过何种机制加强企业与高校、学生之间的融合与联系非常重要。如果企业投资于学生，企业自然会从学生未来的发展出发关心、培养并为学生未来负责。

传统地，社会对教育所起的功能一般包括转移支付与市场交易。转移支付包括各种个人捐赠、组织捐赠与基金会捐赠。市场交易包括教育资源的提供，以及债性资金与股性资金的提供，可以用教育公益四个字来概括。由于教育不仅是资源的提供，更重要的是资源的吸附与有效转化，如何能将资源转化成学生的成长是评价社会力量的重要标准。转移支付、使用价值资源的提供、债性教育资金的提供，都难以与学生形成纵深结合，学生难以得到来自于资源提供者的增值服务，资源提供者也无法有效地实施对学生的影响。而学生缺乏的正是能为学生提供增值服务的股性金融资源。传统教育中出现的诸多问题都可以直接或者间接地寻根到股性社会力量介入的稀缺上来。

为了表示不同主体实现衍生功能的强弱性，我们用 A、B、C、D 大致表示。

（2）教育演化的三种促动力

上文描述了教育中存在的三大规律，但在现实中，教育却往往会偏离这三大规律，其原因可能在于人们因种种原因没有能将教育作为一个生态系统去经营。事实上，教育是一个“开放、多维、多层”与“自组织”的复杂系统，[1] 系统的高效运作离不开金融制度技术、IT 链接技术、IT 计算技术三种促动力量的介入。

①金融制度技术对教育生态完善的促动。

上文描述了教育的三大规律，让大家看到了教育过程、教育参与主体、教育目标与评价三个主要维度共同构成了一幅基于学生成长的教育生态系统。如图 3－1－4 所示，中间的椭圆代表高校，国家、家庭、学生和事实上的有些社会力量都可以是学生的投资者，总的来说这些投资者与学校之间形成了教育服务委托关系。假定学校的教育服务是符合社会需求的，这样就形成了投资者输入能量、学校输出能量的双层输入/输出结构，形成学生成长生态链。

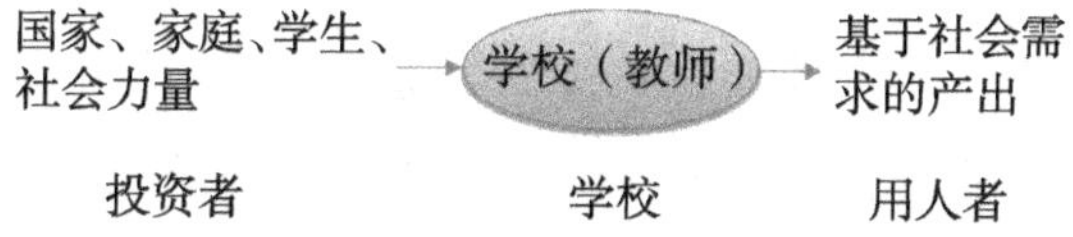

图 3－1－4　基于学生成长的教育“生态系统”

[1] 佘振苏，倪志勇. 人体复杂系统科学探索［M］. 北京：科学出版社，2012.

形成这个生态链的动力来自于投资方。教育的目的无非有三个，一是注入一定的意识形态，二是自我消费，三是为社会提供某种价值。我们首先假定投资体能够为某一个学生提供足够的资源，同时假定作为外因的外部投资人以及作为内因的学生投资人都是功利的，那么投资人必然会按照净现值大于零的理财原则进行决策。那么这时所有的教育利益相关者的行为都会无限接近于教育的三大规律。

因此可以得出结论，股性合约是促使教育主体提供资金并乐意与主动按照教育规律行事的动力源泉。其实，股性合约用于人的成长最早在家庭组织中就已经孕育了。中国人讲的“养儿防老”，以及儿女赡养老人的回报，表明了父母与子女之间在本质上是一种股权关系，只不过被“血缘关系”所掩盖而已；与此类似的“拜把子”、拜干亲所形成的股权关系则是“亲缘式”的；更加松散的股权关系是社会上以“滴水之恩，涌泉相报”心理账户为纽带的“德缘式”股权关系，如图3－1－5所示。以上这些关系，都具有“风险公担，收益共享”的股性特征，但都具有缺乏确定性的特征，增强确定性的办法是将其“法缘化”。

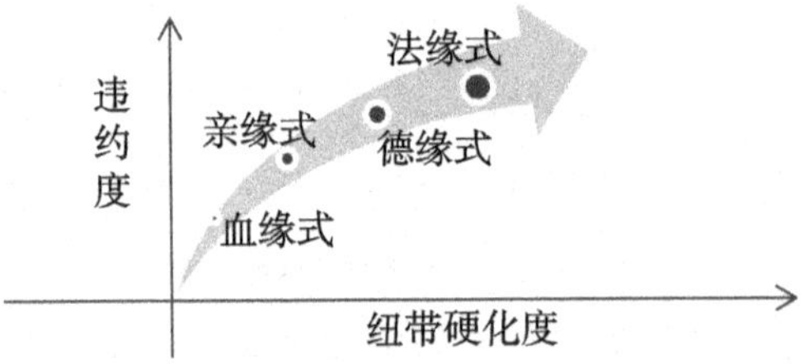

图3－1－5　纽带硬化度与违约度之间的关系

其实，投资于人的“法缘式”股性合约在明星经纪人模式中得以印证。典型的韩国明星经纪人与明星之间定了“二八”甚至“一九”分成合约，有的即便是要受到潜规则的威胁，明星也在所不惜，这说明了经纪人投资对明星成功的重要性。中美教育对投资重视的模式差异正好解释了中美教育的效率差异。

总体来说，投资意识和投资制度在中国教育中是相对稀缺的。如果国家的教育投资意识强烈、教育投资制度先进，国家绝对会用市场需求、人才养成的结果、人才本质，而不是用主观想象、用分数、用文凭来衡量一个教育机构的绩效。这种落后模式与学校的“工厂化”制度互相加强，使中国的人才成长模式“塌缩”为学校模式。这使人才成长缺乏投资决策过程，也缺乏人才的市场交易过程，如何成为人才、是否是人才都是学校说了算，与市场精神严重背离。结果造成了没有谈判能力的家庭与学生要在病态的教育与未来出路之间痛苦抉择，甚至造成了民众对教育的深度迷惑与盲目崇拜。只有那些有足够教育资源的家庭或者学生才能按照科学规律成长，或者索性离开中国，拜服西方教育。

如图 3-1-6 所示，投资意识与投资制度的缺乏与教育的过度管制，使主体之间的正常关系扭曲化。一是国家与学生之间不是真正的投资关系，而是浅层次的服务型商品的交易关系；二是国家与学校的关系不是政府与市场的关系，而是同质关系，都是政府；三是企业和学校不是上下游的产业关系，而是市场与政府的关系，上游“政府”的计划生产显然没法满足下游企业的市场化需求。

图 3-1-6　中国教育的“非生态系统”状态

然而，美国的情况刚好相反，高校不仅有相对独立的市场化决策权，更重要的是高校和学生之间不是简单的服务交易关系，而是程度不断加重的投资关系。这种投资关系使得学校要按照教育的三大规律行事，因而教育是有效率的。这种模式与“将学生成长塌陷为学校”不同，而是“将学校扩张为学生的成长”。

如图 3-1-7 所示，如果将中国教育看成是图 3-1-4 所示的中性教育生态系统的退化版，那么，美国教育则可以看成是中性教育生态系统的深化版。教育也是一个典型的信息不对称行业，是个典型的“良心账”行业。美国高校通过校友基金与理事会制度，使得高校与校友对学生产生了一定的投资性“行为”，或者说使高校与校友之间的关系深化为“合伙关系”以及“投资人和被投资人的关系”。密涅瓦大学是贯彻投资精神较为彻底的一个典型。这最终使交易关系、社交关系、投资关系融合为一体，极大降低了交易关系中的信息不对称程度，学校、教师、学生之间的关系良性化发展。而与此相反的是，中国高校与学生之间缺乏股性纽带，过度强化的“来料加工关系”，容易产生信息不对称效应。这也是学生与老师或者学校关系紧张的原因。

图 3-1-7　美国教育的深度教育“生态系统”

②IT 链接技术对教育生态完善的促动。

教育是一种社会性信息传递技术，因而可以将信息传递的方式分解为面对面传递与抽象信息传递，随着后者传递技术的提高，抽象信息技术越来越克服自身的缺陷，身临其境的效率越来越强。当然，并不能下结论说哪一种传递的教育效果一定好于另一种，因为有时“不见面比见面的效果要更好”。但有一点可以肯定，那就是抽象技术代表着人类社会信息传递技术的能力。人类社会最早的信息传递技术呈现混沌态，必须见面才能传递。之后随着语言的进化与文字的发明，人类逐渐加强了抽象信息传递技术，出现了锣鼓、烽火台、书信、密码、电报、电话、互联网等抽象信息传递技术的逐步提升。在这个抽象的信息传递效率提升的过程中，一方面表现为传递载体条件的提升，另一方面表现为信息编码、解码技术的提升。

从这一点讲，远程授课的条件早已具备。但只有当“可汗学院”模式出现的时候，人们才意识到“慕课”的威力。这个威力来自于两个方面：一是免费模式。免费才能使课程最大限度地在网络上无时无处地存在，互联网的功能才能得到最大限度的发挥；二是课程的内容与形式。课程的内容是传统内容的个性化呈现，课程的形式则是适合于网络传递的。“可汗的威力”由此而生。可汗模式的后果有两个，一个是比较优势，一个是成本优势。前者可以让不同学校同门课程进行比较，课程会优胜劣汰，减少课程的重复建设问题；后者则可以通过规模经济效应和课程的性价比取得成本上的优势。这样促使校际之间的学分互认。于是，如果校方不允许学分互换，学生可能也会付费听课。如果校方允许学分互换，校际之间的同质化竞争将会打开闸门。如果学校既不能提供优秀的课程资源，也不能提供个性化的非同质化的教育资源，这个学校的下场是不言自明的。

如果可汗模式叫作“O2O”模式的话，德稻教育则在线下叠了“现场模式”，因而叫作“O＋O 模式”，如图 3－1－8 所示。可以预见，随着德

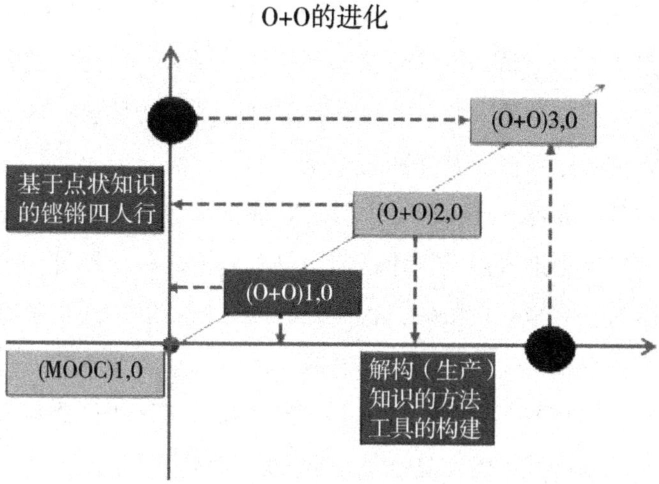

图 3－1－8 德稻❶“O＋O 模式”及其演化趋势

稻模式被模仿，德稻加大个性化成分的路径有两个，第一条路径是在加强“投资人色彩”下教育理念的变革。就是现场教师不仅是对线上课程本身做文章，而是重在引导学生获得“解构和重构”知识的能力，即强化学生自主学习的能力；第二条路径则是进一步将先进的信息传递技术，比如 magic leap 的 3D 全息投影技术引入课堂，在线学习和现场学习将会融为一体。这时，教育信息传递的两种模式又开始在更高层次上得以融合。

由此可见，慕课对教育的革命性意义，在于它促使教育资源进行了跨校、跨国、跨界配置。这种配置促使了教育资源的配置在供求双方之间形成了一个公开市场，竞争机制深入学校，打破了校际师资隔离的藩篱。学校进入了一个共性市场与个性化运营的双层存在模式。这将迫使学校在平台的现场体验方面进行个性化的深度挖掘，否则就失去了存在的必要。未

❶ 上海德稻教育集团。

来只有在技术、课程、校园的功能与文化某一方面或者某几方面有竞争力的学校才可以有尊严地存在。

③IT 计算技术对教育生态完善的促动。

如上文所言，信息的传递过程本身就是一个计算过程，然而当这种计算能产生新知识，得到新观点时，这种计算就达到了知识生产的水平。现实中，人们接受一些信息，然后对其进行加工，就会产生新的意念和结论，这个过程实际上是一个解码和编码的计算过程。但是，随着机器语言的进步，人们给机器输入一定的信息，就会得到新的信息，这个过程就是一个数据挖掘的过程，一个计算的过程。

现实中的计算器、计算机、机器人等都是人造出来的具有计算能力的机器，这些机器帮助人们进行计算与学习。当把这些机器进行集成并微化到一定程度时，完全可以增强、替代人们的身体器官，甚至增加新的器官功能。比如，埋藏于体内可以随时根据身体需求动态释放胰岛素的血糖调节器就是智能器官的典型例子。可以想象，如果将这些机器与人的脑神经链接起来，用来增强人的智慧也是完全可以理解的。

所以，可以将机器计算看成是人脑计算的物化过程，“君子性非异也，善假于物矣”。教育市场将会大繁荣，将会呈现一系列增强人的计算能力，甚至植入人体的各种集成芯片的商品与服务的生产与交易。

(3) 功能型教育生态模式

所谓功能型教育生态模式，就是有一定内在联系的教育节点的连接，而且这些节点之间的连接不可分割，否则会影响系统功能的链接模式。这里谈两种模式，一是反转生态模式，二是 TIF 生态模式。

①反转生态模式。

为了大家能理解，本书借用反转课堂中的“反转”一词，来表达宏观上的学校教育为中心的课堂模式让位于学生成长为本的反转生态模式。这个反转模式集中表现了图 3 -1 -9 所代表的“中性教育生态系统”。其特点是以社会投资人弥合差值，并对教育功能进行外包整合为特征的教育生态系统。

图 3 -1 -9 将一个学生的成功成长分解为主体、目标、过程三大教育

规律。传统投资者由于教育体制而导致的投资意识淡漠、投资技术稀缺，从而造成了教育缺乏生态机构，因而教育低效甚至负效。社会投资者的介入，将会按照市场的原则进行决策，也将会弥合传统投资者不能满足学生科学成长所需要的一切条件，这些条件的满足呈现为一个促进基于教育三大规律的多重生态结构的形成过程。

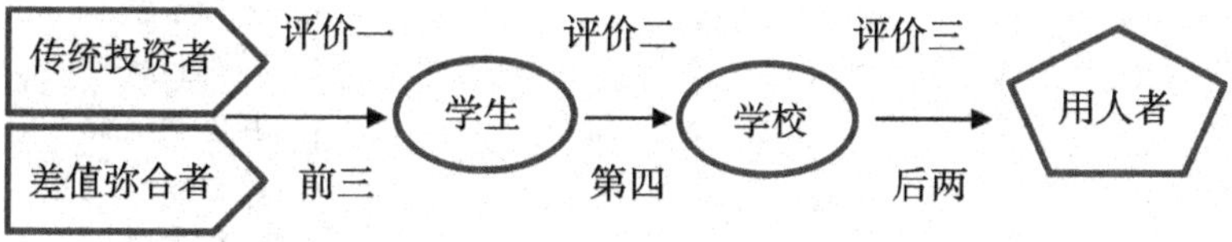

图3－1－9　中性生态系统与三大成长规律

对于主体来说，社会投资者会启发国家、家庭、学生按照净现值为正的原则去进行成长决策，社会投资者还将引导政府与社会的转移支付资金、债性交换资金，选择更有价值的对象进行资金供给，社会投资者还将用自己的资金为其他资金增信。这样，在社会投资者的调动下，围绕学生的有效成长将会形成一个多重的供资者生态群落。

对于目标和行为的价值评判来说，投资者要经过理性的决策、实施、价值实现三大环节。这三大环节与过程首先符合“目标成层”原理，以满足价值实现的风险控制原则。而在流程中，行为目标则随着环节的不同而动态变化。并形成了不同主体结构的评价指标。比如，表现为投资者对学生的选择，投资者与学生一起对学校的选择，投资者、学生、学校一起对用人单位的选择，等等。这里，所有的主体都几乎是充分竞争状态。

②教育TIF生态模式

所谓教育TIF生态模式，指的是技术、教育业、金融业“三业共链”所形成三位一体生态模式。此生态模式不是强调“三业”中“各业”各自的生态模式，而是强调“三业共链”后所形成的跨界生态模式。这个模式分为两个层次，一是三业中任何两业所形成的“边业”效应，二是指三业同时联动所形成的“域产业”效应，如图3－1－10所示。

在图3－1－10中，三角形的三个顶点T、I、F分别代表Technology

(技术)、Industry (产业)、Finance (金融)。TO 垂直并与 IF 相交于 O 点，D、A 是 TO 上的两点，ODA 代表技术成长线，显然，D 点的技术弱于 A 点。

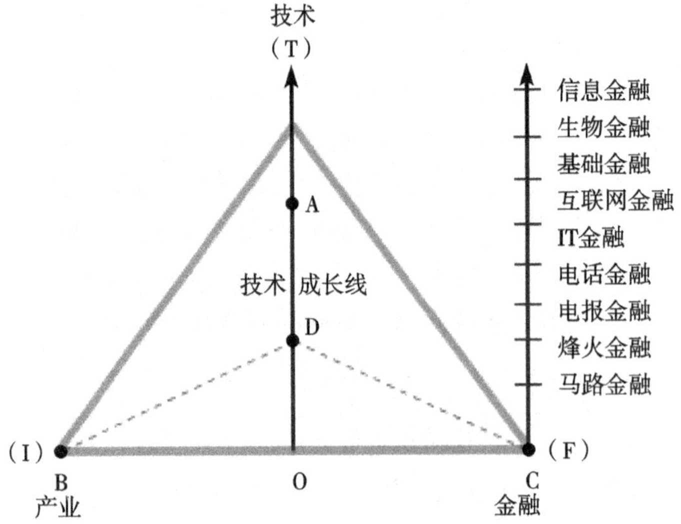

图 3-1-10 “O+O”的再飞跃：TIF“三位一体”模式

就“边业”层次看，三大产业可以形成“TI”“TF”“IF”等三大“边业”，可以说是“边边意义重大”。所谓“TI”边，指的是互联网基因对教育业的改造，出现了现在所谓的慕课、智慧校园等生态模式；所谓“TF”边，指的是金融基因对教育业的改造，出现了星探经纪人模式、创客养成基金、人才 IPO、人才无形资产证券化众筹生态模式；所谓“IF”边，指的是互联网基因与金融基因的“双螺旋”融合，出现了学生公益、债性、股性的 P2P 模式。

就“域产业”层次看，基于学生成长所形成的“TIF”模式，是技术、教育、金融三大要素的深度融合。“TI”“TF”“IF”将分别受到“F”“I”“T”等元素产业的增强以及“F”“I”“T”三个产业元素发生“生化”反应所产生的综合效应。比如，马云的淘宝网，其实是互联网、销售、金融三者融合的“域产业”模式，他能够成功的重要原因在于他选择了人类社会最经典的元素齐全的本质模式。而随着消费、物的生产、人的生产等三大产业对销售业的替代，新的“风口”TIF 模式将会产生。教育 TIF 模式或者“TEF”模式正是关于“人的再生产业”对马云销售产业的替代。

可以想象，信息技术水平越高级，物联网、互联网金融，以及“三位一体”的 TIF 模式所产生效应就会越高级。拿三边成面的 TIF 模式来说，BAC 的总效应要大于 BDC 的总效应。

（4）结论与建议

看来，教育理论反转为成长理论是教育各方的共同心愿，这个反转的过程正是教育变革的过程，这会对路径依赖下的既定者带来压力或者拖延不决，对教育上层行政者也将带来更大的压力，比较稳妥的办法是通过金融基因与网络基因的介入来倒逼教育变革。

①通过健全投资人模式来促使教育理论向成长理论反转。

即使是美国也应当在高校投资人模式之外，引入社会投资人，才能真正形成丰富多彩的教育生态关系。中国则还有更远的路要走，既要引入社会投资人，还要促使高校向基金会、投资基金的模式过渡。为了保持现行教育格局的稳定变革，不一定主张自上而下的教育改革。因为外部投资人的引入，学生会在体制外选择补充性的成长机会，学校会在外部投资人的示范及竞争下逐渐向理性的轨道上迈进。

学生股权金融的本质是学生利用金融资源进行资产运营的过程。从这一点来讲，工作者和退休者都面临着需求相应的金融理论的指导来运营各自资财的任务。所以，研究自然人金融迫在眉睫。

②通过健全自然技术来倒逼教育理论向成长理论反转。

政府出台政策或者通过放手的办法，促使互联网技术与智能计算技术与现有教育生态深度结合。体制内教育主体将会与引入的外生因素互动交易，从而分时、分事、分地点融化僵化的教育机制。在这一点上美国等发达国家走得更快、更深，在我国教育国际化的背景下，必须后来居上。但需要强调的是，大家应当在校际同质化技术的竞争上和非同质化的个性化校园的建设上下更大的工夫。为两者的融合做好准备。

3.2 TEF精准扶贫模式探讨

——基于北京大学对云南弥渡实施精准扶贫的思考

扶贫是人类的共同话题，也是党在新时期十分关注的工程，党进一步提出了“精准扶贫”的目标。北京大学一直走在“精准扶贫”实践的最前列。2013年以来，根据国家扶贫开发办、教育部的部署，北京大学对口帮扶云南省弥渡县，并于2013年10月签署了对口帮扶协议；两年来，北京大学70余名领导和教授深入弥渡县，就教育、卫生、科技等进行考察调研，并从咨询服务、人才培养、教育发展、科技合作、医疗服务等方面全力支持弥渡发展；2015年8月18日，北京大学党委书记朱善璐亲自到弥渡县调研对口帮扶工作，在实地调研的基础上，召开了专题会议，对下一步帮扶工作进行了研究部署；2015年12月24日，在北京大学举办云南弥渡县农业产业发展与开发扶贫创新专题班期间，召开了北京大学八大学院结对帮扶弥渡八个乡镇对接座谈会，并在会议中明确了“工学院—新街镇”的对口帮扶方案，并就乡镇与院系间下一步帮扶计划进行了交流座谈。

精准扶贫是粗放扶贫的升级，强调扶贫要针对不同贫困区域环境、不同贫困农户状况开展，要达到精确识别、精确帮扶、精确管理的“治贫水平”。精准扶贫理念克服了“打散弹式”的“成片扶贫”的笼统性，具有“狙击扶贫”的特征，好钢要用在刀刃上，会提升扶贫的“性价比”。北大向来有“开先河”的勇气和精神，工学院创新扶贫也责无旁贷。为此，工学院聘请了教育、金融、经济、扶贫等方面的若干专家，对北大创新扶贫做了详细的讨论，形成了此次精准扶贫的“工学院模式”，简称为“TEF模式”。所谓“TEF模式”，指的是以教育（Education）扶贫为切入点，并引入技术（Technology）、金融（Finance）两大基础设施类元素，形成三大元素“互融”“互润”的“三位一体模式”。我们团队认为该模式是具有效率的创新模式，理由如下所述。

（1）挖掘贫困致因提高扶贫精准性

贫困是一种状态，一种结果。导致贫困的原因可能千差万别，但其基本原因具有相似之处，那就是人的无形资产的贫困。表现为观念、能力、品行、人格、知识等这些内在素质的贫困。如果想用“机制”扶贫，如果想根本脱贫，最好从这里开始。素质扶贫就是要通过提供教育或者培训来提升对象的素养，对于特定家庭，应从祖孙三代进行扶贫。

其一，养老扶贫。

大家知道养老者的收入回报是相对稳定的，但即使是有限的资金也能发挥相对大的作用。养老的内容结构偏好会不同，但大致有这么几个：衣食住行、看病、交往、精神修养。但这几个方面似乎都大有讲究，并非所有贫困家庭的老人都有理性的认知和作为。

现实中，饮食不科学导致浪费钱和患病的、小病大治的、通过广告错误买药和理财的、心情纾解能力差的、无效有害外部交往等现象大有存在。这种养老效果差、效率低，会导致资金的相对短缺，容易为家庭带来负面能量，造成家庭的贫困。

若能通过教育培训、文化氛围的优化等方式提升养老效率，就会产生事半功倍的效果。所以，养老扶贫是一种相对扶贫策略。

其二，工作扶贫。

壮年可以理解为正是通过理财为家庭致富的年龄。广义理财可以体现为经营家庭、教育子女、赡养老人、金融理财、出卖劳动力等丰富的内容。显然，每一项内容都有一定的技术含量，素养越高，花同样的资金、精力会为家庭带来更高的和谐、精神、物质回报。

然而，作为上有老、下有小的壮年人，也有不少人是因为“理财素养”不高，造成理财效应不好。比如，父母的理念、言行对下一辈的成长至关重要，但由于这一点没有做好，孩子的成长可能花费巨大的成本，而且效果也不好。

有的成年人没有弄清自己的禀赋，工作技能水平有限，连一个被雇佣者都做不好，更枉谈创新创业了。但作为农村人，所面临的雇佣性工作需求非常有限，农村人的成功得靠一股能闯善闯的勇气和能力。工学院的模式就是要增强工作年龄段人的工作素养。

其三，学生扶贫。

由于家庭内部特殊的“交易结构”，学生的成长花费对家庭其他财务安排有“挤出效应”。家庭越贫困，其他财务安排的边际机会成本就越大，有些甚至达到触及或越来越排挤其他成员刚性消费的程度，程度越高，挤出效应越强。

成功的教育可以促使一个家庭的垂直流动，长期而稳定地摆脱贫困，对一个贫困家庭的积极意义十分重大。但是日益增长的学习成本与激烈的竞争程度导致教育的风险过大，容易造成一个家庭“因教致贫”！

对于贫困家庭来说，家庭为孩子所能提供的资金和培养能力往往是“双重”贫乏的。这也是为什么国家采取政策干预的手段提升西部落后地区农村高考录取率的原因。有些富裕家庭，尽管教育资金不成问题，却因为增值服务的缺乏而导致家族传承的失败，回归贫困。

（2）“三明治”式精准扶贫策略

如今提倡的扶贫，绝不是“运动式”扶贫、“一阵风”式扶贫，而是形成一个稳定持续的脱贫机制。这个状态要靠在当地构建一套“致富的自增长机制”来保持。由于人的增长能力不同，这个增长机制必然也是多元化、结构化的。

这个需要对扶贫对象进行全面的分析。这可以理解为对扶贫对象的深入识别。

第一，扶贫任务精准化。

对于可塑性强的扶贫对象，可以为其提供适合的教育、培训资源，通过理念的优化、知识技能的增加、心理健康的提升来提高其生产力，或者相对改善其生存力。这一类人既可以在本地工作，也可以到外地工作；既可以就业，也可以创业。

对于理念顽固、可塑性差的人，重在为其提供一个成熟的商业模式，置其于其中。一个能长久存在的商业模式，离不开“业链”的打造。所以，这种“利用商业模式治贫”的新模式可以叫作“生态治贫”。这需要对生态的成长路经进行设计。

对于生产力柔性差、残值小的扶贫对象，除可以适度发挥“相对扶贫”的智慧外，恐怕只能主要采取“输血式”扶贫了。

第二，扶贫资源的精细化。

所谓扶贫资源，从形态上来讲，可以大致分为实物、服务、资金三类，作为教育单位的北京大学可以偏重于提供服务类资源。除提供教育培训、扶贫模式的研究设计外，还要呼吁有效扶贫政策的出台与社会资源进驻。

第三，扶贫力量的体系化。

扶贫资源的使用性质包括财政拨款、社会慈善、市场交易性资源。扶贫力量与扶贫资源的使用性质有一定的对应性，包括财政力量、慈善力量、金融力量。金融力量又包括债性金融力量与股性金融力量。大家应当有这种能调动一切可以调动的力量的能力。

（3）扶贫的“域”治理模式

所谓“域”治理模式，是指通过技术、教育产业和金融所形成的域效应，来实现以上所阐述的扶贫效应的生态模式。该模式的物理状态如下图所示：T、E、F 分别代表技术、教育、金融，O 代表扶贫的效用。由三个元素点所形成的元素边分别为物联网边、产融结合（教育金融）边与金融技术边。域制度效应分别包含点效应、边效应和域效应。

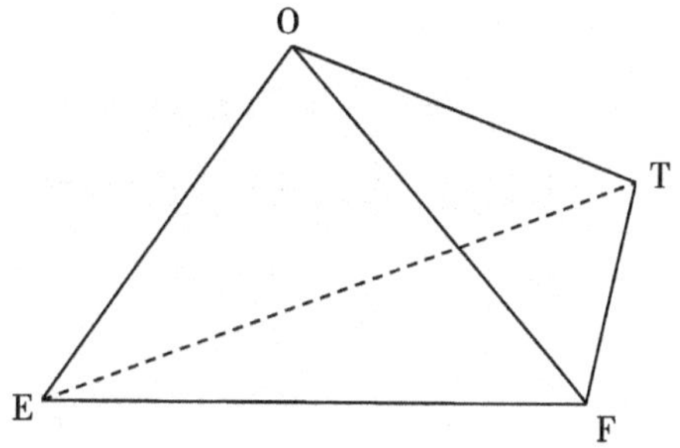

北大工学院的“泰福（TEF）扶贫模式”，由以下三个层次的效应构成。

①点元素效应。

教育点元素，回答的是为什么要从教育着手进行扶贫，主要的原因在于劳动者是生产力水平中最根本、最活跃的因素，唯有这样才能扶贫治本；技术因素的本质是信息化因素，这是万事万物成长的载体和基础设施。互联网化是载体由实体向虚体进化的重大飞跃，为信息提供通道，除此之外，还提供大数据挖掘、云计算、智能化、人机交互技术，其功能在于提升信息效率；金融元素的主要功能在于为扶贫提供资金保证。

②边元素效应。

之前的扶贫，是就扶贫谈扶贫，即使有互联网元素和金融元素，也是作为扶贫的资源内容来使用的。“泰福模式”中的技术元素和金融元素是以提升扶贫效率的“杠杆资源”来使用的。现实中，“泰福模式”的初级阶段可能体现为TE、FE两个“杠杆边”，较复杂的形态则是，两个边相交所形成的角形态∠TEF。更进一步地，在围绕扶贫的角形态“∠TEF”基础上，启用“Fintech”技术即“金融科技”形成TEF域，可以获得更大的治理效应。

③“域”元素效应。

“域”元素效应是以教育为扶贫切入点的最高扶贫模式，三点互润、三边合围的“域”效应表现为以下几点：

一是“域”的声誉治理功能。首先，开扶贫之“域”，将所有的扶贫对象“复制”到网上。其次，可以按照兴趣、潜能等特征对人进行引导，使其进入相应产业领域。目前新街镇的主要支柱产业为烤烟种植、苞谷制种、乳蓄业、无公害蔬菜种植四大产业。最后，建立数据库，通过数据挖掘，对不同表现的人进行声誉分类，对“扶而不起”的人，采用类似于“驱逐出境”“流放”“个人破产”等措施实现声誉治理。

二是“域”的征信治理功能。开“域”者可以按照声誉得分对“域”中的扶贫对象提供纯信用福利。目前全镇有建档立卡贫困户1339户，5100人，金刚村、罗荡村为贫困行政村。假定其中有五分之三的人具有良好的声誉，主客观信用风险较小，就可以对这部分人提供纯信用支持，不需要抵押、担保，或者供应链金融。其诀窍在于单次提供的信用额度等于离开扶贫之域的机会成本，等于生产了一种影子抵押技术。

三是共享型治理功能。对于具有成长性的扶贫对象，可以鼓励“域”内“域”外的资金提供者与扶贫对象形成“分成”关系，这样使扶贫对象的成长收益与扶贫人的收益相关，以调动扶贫人的积极性，这样不仅调动了市场的私人力量，而且供资人可以起到信号显示功能，从而刺激更多的资金流向这一部分扶贫对象。工学院为新街镇制定了贫困行政村滚动基金项目，若引入共享机制，北大工学院就会调动更多社会资金参与扶贫。

四是“域”的燎原功能。“域”的最大功能在于对扶贫对象进行了“好坏”分类，这样的话，好的扶贫对象可以得到更好的发展，这种正向循环会刺激“域”的成长性，促使好人圈子越来越大，犹如“星星之火，可以燎原”。工学院对口帮扶镇——新街镇地处云南省弥渡县坝区中北端，距县城 5 公里，国道 320 线与国道 214 线穿境而过。工学院若能借此初建扶贫之“域”，最终可能会成长到北京大学对口扶贫的云南省弥渡县。形成面积 1523 平方公里，下辖 6 镇 2 乡，有 82 个村委会、7 个社区居委会、933 个自然村、1215 个村民小组的 TEF 扶贫之“域”。

3.3　论双创人才培养的云机制

“大众创业、万众创新”作为重要国策之一，教育管理部门积极响应这一号召，高校也纷纷建立创新中心，开始了声势浩大的双创教育，全国校内、校外的创业咖啡厅如雨后春笋，对于提升中国经济的持续增长力无疑作用巨大。然而以中关村为代表的咖啡一条街，又如过山车似的疲软。99% 的创业企业阵亡，更有曾经的“创业名少”跳楼自杀……这又是怎么回事呢？

这浅则说明“双创”没有可持续机制，深则说明“双创”理论匮乏，教育缺失。双创要有成果，首先要求政府、高校与教师本着科学精神，探索并掌握人才成长的一般规律，否则只会发生“男儿入错行”“女儿嫁错郎”的情况，若是这样“双创”，轻则“离婚”“跳槽”，重则“精神抑郁自杀”。

在此，大家演绎一下，支持双创的条件有哪些？第一，辨认机制。要能分得清哪些人具有创新、创业的禀赋，哪些人具有创新、创业的偏好；第二，辨认手段。很显然，时下流行的大数据方法是辨认挖掘的不二工具；第三，历史机制。合作需要对人性的了解，需要对产权的确认。区块链是信息时代下的档案制度，当然要加以充分利用；第四，辨认动力。最有动力的是将辨认作为其收益自变量的人，即投资人。

(1) 双创人才成长决策的重要性

双创人才的成长，也必须符合人才成长的一般规律。据研究，人的成长分为六大环节：甄别环节、决策环节、配置环节、实施环节、上市环节、重置环节。原理表明，如果在每一个环节上所得到的边际收益相等的时候，一个人成长的总收益就会最大化。前三个环节，可以简称为人才成长的决策环节，后三个环节则是人才成长的后续环节，很显然，前三个环节对后三个环节具有重要的影响。

现实的情况是，其中很多环节都被人们忽略或者做得不好，而使人才成长效率大打折扣。比如，因材施教的道理都懂，但大家实施的却是流水线式的人才加工模式，个人的偏好很难得到满足。再说上市环节，大学生找工作本来是一个宏观问题，但实际上找工作的整个过程呈现为微观上的激烈竞争与微观试错过程。这里特别强调一下前三个环节的重要性。

①双创甄别环节的重点在于甄别人的双创偏好。

人由于遗传、从小的生存环境、成年后的多次尝试，会促使人在双创兴趣培养中发现相对的双创兴趣。双创兴趣之所以重要，在于其低成本、高收益的机制：第一，自我监督。当双创兴趣与学习一致的时候，学习变成了人生的第一需要，于是产生监管内部化机理，不仅产生愉悦感，还会产生努力动力。更加重要的是其依据效率的自我决策机制，大大减轻了监管的信息不对称功能；第二，成本优势。一个人做了喜欢做的双创之事，再艰苦的条件也不计较，学习成本和工作成本都会下降；第三，收益最大化。人的收益是多种形态的，但最终都会分解为人的主观评价。其中，双创兴趣是最顶层、最根本的评价依据，直接决定了人的幸福感；第四，工匠精神。既然兴趣是幸福感的顶层评价依据，人们自然会“万法归宗”，潜心努力，必然衍生出双创中的工匠精神，就会避免那些浮躁、炼狱般的双创故事。

②双创决策环节指的是结合人的潜能与社会的需求对人的成长所做出的最终决定。

双创兴趣可以有很多种，但能不能创出个名堂来，起码还取决于人的潜能。如果说："武大郎喜欢打篮球"，那么再喜欢也不可能进美国的梦之队。大家可以在多种双创兴趣与多种双创潜能中得到一个"性价比"。同时还要考虑的是"人的生产性与服务性"，这里将人作为一种价值增值的资源来考虑，不考虑自娱自乐的享受型人生，也不考虑寄生虫式的人生模式。因而，社会需求将是决定"双创兴潜比"（兴趣潜能之比，以下简称为"兴潜比"）选择的重要变量。

中国要打开国门，走向全球与发达国家较量，必然要走自主创新的道路；低附加值的外贸模式已经不适应全球贸易格局，创新型创业是增强一国经济自治性与稳定性的重要方式。这表明创新、创业教育是符合市场需求的。但是，这并不表明工作型人才社会不需求。所以，最关键的就是挖掘每一个人的"兴潜比"。

③教育资源的配置问题。

理想的教育资源配置应当是教育供给方之间、教育需求方之间，以及以上两者之间充分竞争。然而，按照目前的高考模式，公立学校以分数作为教育资源配置的前提条件，私立学校则是以家庭贫富作为教育资源配置的前提条件。教育资源的配置并非以自由结对的方式配置，甚至是以国家、地域、学校、院系为单位分割配置，资源缺乏比较流动。

不可否认，目前优质的双创教育资源的供给是稀缺而且不均衡的。理想的双创人才培养机制是形成打通社会与高校，高校与高校的双创云平台。

（2）双创决策云"翅膀"的构造

所谓双创云平台，指的是打破以学校为实体平台的藩篱，形成开放式的互联网云平台，双创云平台的构造可以从以下三个方面进行。

①双创云俱乐部。

整合形成一个或者若干个双创云俱乐部，为双创教育资源的 P2P 模式打造平台。传统的俱乐部理论研究非纯公共品的供给、需求以及均衡，认为私人物品消费量、俱乐部物品消费量及俱乐部的拥挤程度是影响俱乐部成员效用的三大要素，通过对公共品最优供给量以及俱乐部最优成员数量的确定，使每个成员都能实现效用最大化。现代俱乐部理论由公共选择理论的创立者布坎南和经济学家麦圭尔创立，是西方学术界研究地方政府最佳规模的代表观点。

基于互联网的俱乐部，可以最大限度地将成员纳入进来，并可以采取网上互动的方式随时随地进行，减小互动成本，提升互动效率。

俱乐部的效应主要使用互联网技术、人机交互技术来完成。

②双创揭示云。

声誉效应，可以理解为在信息不对称条件下，参与者对某个主体关于某种类型的认知，并且通过不断地重复博弈和信息传递而更新，是一种无形资本。声誉越好，能够为目标主体带来越多的附加优势。声誉伴随着人类社会的形成和发展而产生，能够通过直接或间接的方式激发交易主体之间的信任关系，从而进一步降低交易成本。

一个平台，若能进行充足的信息揭示，这是平台最好的声誉，也是个人声誉形成的前提。如果平台能够直接就某一个主体的交易量、特征情况给予权威的绝对揭示，并能就诚信、信用给出相对的排序，就会形成丰裕的声誉资源。

信息揭示功能，主要通过大数据、云计算、区块链、人工智能等技术来实现。

③双创“降本云”。

互联网为俱乐部的体量提供了可能，公平、公正、公开、诚信则为交易规模与范围的扩大提供了路径。这样必将产生两种有效地降低成本的经济效应：一个是规模经济，一个是范围经济。前者是指由于产出水平的提高或者生产规模的扩大而引起的产品平均成本下降，后者是指利用单一经营单位内原有的生产或销售过程来生产或销售多种产品。其本质都是为了降低相对生产成本，降低经营风险，扩大经济效益。

双创具有“创”的共性，双创者的共同需求中的消费品可以请平台来“团购”；实验室可以请平台统一构建，大家共享；网站等（可以同质化生产的）可以委托平台统一开发。

(3) 双创金融供给翅膀的构造

双创人才是一个国家，一个家庭，甚至自然人本身的重要财富。人尽其才是充分利用财富的路径，然而人尽其才的前提是对人才能的挖掘，挖掘需要资源的投入。然而，由于个人认识的有限，家庭贫富的悬殊，国家资源的纯公共性，人们对双创人才风险的惧怕，都会造成个人成长投入的资金不足。因而发展自然人金融是解决这一问题的最好办法。

①创造小系统信用资源。

我国目前的大系统信用资源比较缺乏，而学生的小系统信用资源，比如抵押、质押、担保等也比较稀缺，构造小系统信用资源是为双创人才创造低能信用资源从而增强其融资能力的方法。

低能信用资源的构造方法就是平台向“域”的跃迁，开“域”之人通过俱乐部、声誉福利、成本节约等方式创造“域”福利，使谁也不想离开平台，否则就会产生机会成本，这个机会成本的上线就是开“域”之人为“域”内双创主体提供信用资源的临界点。

②股债联动。

有了充足的信用资源，股债的合约品质就会得以保证。但双创人员与资金提供方的选择范围就会扩大。

如果投资人认为有些双创者的成长具有不确定性，或者未来创业环境并不理想，投资者感到双创成功的风险较大，这时如果投资者并不是风险偏好者，就愿意选择债的方式锁定风险；同时，如果双创者认为双创前景好，尽管未来存在不确定性，但自己愿意承担未来的风险收益。表明双创者属于风险偏好者，双创者就偏好于选择债性合约。

与之相反，如果投资人认为双创者成长环境不断优化，或者其选择的双创者成长空间大，未来双创风险小，或者投资者属于风险偏好者，投资者就会偏好于选择股性合约；同时，双创者如果对未来双创成果、双创环境、双创价值的实现感到风险较大，或者双创者属于风险厌恶者，就会选择股性合约。

③资金力量的“5P”模式。

基于小系统信用资源的优质金融合约具有吸引各类供资主体的前提，这些主体可以是政府资金、社会资金、慈善资金、公益资金等。

然而，由于信息不对称的存在，这些资金主体与“域”平台之间可能会产生委托—代理问题，“域”外资金可能因为担心“域”平台的败德行为而不愿意加入供资团队。劣后治理方法为人们调动“域”外资金提供了可能。即“域”内资金可以占资金总量的5% ~10%，进行劣后，甚至承担担保或者类似的责任，以解除“域”外资金的疑虑。

总而言之，金融翅膀不但要为双创提供成长的“血液”，更要为双创者提供合伙人，这里要更加鼓励资金供给主体不仅仅是将双创者当作一般的“生利主体”，而是要融入双创者的成长过程中，以为双创者提供增值服务为乐趣，也以此作为获得红利的途径。

(4)“双创”教育新生态的形成

双创人才的培养为教育体制优化提供了契机，双创“域”平台的构建为教育“域”平台、成长“域”平台的构建提供证明、试点和示范。双创“域”平台具有以下三个方面的生态特征。

①形成全国或者区域性的双创人才成长资源大平台。

这个平台不以分数为入“域”条件，原则上所有的人都可以作为双创成长者入“域”。而双创资源提供者也并不限于高校，事实上，高校的双创资源与市场上的资源形成鲜明的互补关系，目前仅依靠高校内部资源的做法显然造成一部分社会资源的浪费。

双创人才的培养实际上是一种素养的培养，这种素养可以分解为多个层次、多个维度、多个元素，因而双创人才的培养要摒弃坐而论道的高校模式，必须吸纳社会上的“点子大师”对双创学生进行点子启发，而不是一个没有双创特长的老师讲知识，也不是学生针对性不强的听课程，或者参加一些与自己爱好和潜能没有深度联系的实践。

②“域”平台对双创供求双方的深度撮合功能。

按照程度，撮合能力包括信息撮合、规制撮合与深度撮合。第一种撮合只是对供求信息的收集；第二种撮合是对参与者做了这样那样的限制，算是对双方进行了某种筛选，有利于撮合效率的提升；第三种撮合则是“域”平台对双创双方进行了主动、深刻的信息揭示，有利于双方交易风险的降低、交易效率的提升。

“域”平台不仅是对双创人才成长的撮合，也是对双创金融的撮合，对愿意为双创人才成长提供金融资源者提供投资机会。一旦股性投资人被引入进来，这个投资人就会理性地思考双创人才成长的决策、实施、价值回报。股性投资人是将各方联结起来的重要生态枢纽。

③PPP 的双创生长机制。

政府可以为双创的发展提供政策支持，但双创人才的培养也要遵循市场原则，政府应当激发更多的市场主体积极参与，否则容易成为搞运动，劳民伤财，效果不好。

“域”平台模式的开“域”行为具有市场性，对于促进政府意图的实施有如下好处：

一是防止“跑‘部’前进”。各个高校都可能会打着双创的旗帜向国家要政策、求支持，这样就必然形成政策支持缺乏依据的非理性决策。统一“域”平台下不仅免去了恶性竞争，更重要的是还学校一个清净的氛围。学校的各种双创需求都在统一“域”平台上得以实现。开“域”之人按照市场原则开“域”，双创者与合伙人按照市场原则决策。

二是双创生态链的形成。按照目前的做法，可能会形成“双创堰塞湖”，学校大量竞赛式的进行双创人才的培养，往往会存在双创过度供给的结果，一旦现实中无法消化这些双创“产品”，就可能进入双创“去库存”的困境。

“域”平台的建立，会形成一个“学—研—产—中—下”的双创产业链，最上游的学生与最下游的企业首尾呼应，学生通过平台积极参与企业成长，企业则通过平台积极引导学生的参与。

三是“云身结构”。双创人才成长平台作为一个综合的云平台，是社会各界双创力量融合的信息和决策平台，只有当大家在这个平台上进行了供求的深度信息互动之后，才在具体的“实点双创平台”上接洽落实。这些实点双创平台可以在高校，也可以在企业，还可以在社会上。

“域”平台作为一个云平台而存在，“实点双创平台”作为散落在各地的落地平台，加之与“域”平台实点办事处形成一个“双层三态”的运营结构。

四是双创人才成长机制反转。之前的教育理论下，以教育部—高校—

课堂—教师所形成的组织机构，基本上是一种以施教者为中心的运营模式，尽管教师都是善良的教师，但是机制决定根本。

然而大一统平台的建立，双创合伙人的跟进，形成了以人才偏好与潜能共同决定学生成长的新模式。成长产业链的形成，彻底超越了传统“以产定销”的人才培养模式，人力资本营销机制应运而生，甚至人才“零库存”的影子若隐若现，减少了盲目“勤奋学习”的窘境。

(5) 结论

目前全国一哄而上，高校争建双创人才的培养平台，容易加重高校负担。直接将双创引入高校，与高校本来的功能产生一定冲突，也容易造成双创资源的重复建设。

科学的办法是各高校的双创平台应当被深度整合进双创人才成长“域”平台，“域”平台作为市场机制体，按照独特的市场原则为各高校服务。

为此建议：

①作为政府，应当支持市场“域”平台的建立，在税收、融资、政策上给予适度支持。将政府头疼的任务交给市场去代为发力、整合；

②作为开“域”之人，应当具有互联网经济的思维，开“域”不是简单公益，而是一种新的经济形态和商业模式，会在实现情怀的同时获得利润上的满足；

③对双创学生，应当积极寻找“域”平台，支持“域”平台，在更大平台上充分展示自己的特征，以便更有效率地找到自己的资源提供者，包括教师、师傅、成长合伙人等；

④对于为双创学生提供资源的人，应当充分认识自我，挖掘价值特色，以“点子大师”的心态从某一点提供自己所具有的具有强大竞争力的资源，实现自己的价值；

⑤作为高校，以“域”平台为契机，与社会、市场保持灵活资源沟通、信息沟通，从双创人才成长的新成长机制中吸收养分，为信息时代下向“成长机制”转型做好准备。

第 4 篇　成长的再思考

4.1　人力资本上市的三个环节

党的十九大报告第八部分“提高保障和改善民生水平，加强和创新社会治理”中，第一点就提出要优先发展教育事业，这个逻辑是非常正确的。当今世界，科技和文化呈现深度专业化又融合化的趋势，谁拥有领先的科技、先进的文化、充裕的高能人才，谁就取得了更大的发展机遇。

科技与文化是教育的产品，“教育是国家复兴的基础工程”，因而将教育放在优先位置是战略安排，“加快教育现代化”是现实路径。然而，问题是如何推进教育的现代化？现代的教育现代化有什么特征？其关键是什么？

首先大家需要明白教育的本质是什么？简单地说是帮助成长者辨识兴趣、潜能、社会需求，并给成长者提供成长中所必需的物质条件、成长方法，以及成长所需要的其他资源。一句话，教育就是为成长者提供“增值服务”，积累人力资本，并为成长者创造人力资本实现的条件。

考察自然人成长过程中的“合伙合约”，有三次重大的“人力资本交易”环节：首次股权私募、首次人力资本上市、首次股权公募。

（1）首次股权私募

党的十九大报告说“要让每一个孩子享有公平而有质量的教育”。但是，如果家庭经济困难，家长对教育一窍不通，这样的孩子可以“享受公平而有质量的教育”吗？难啊！如何解决？可以有以下四种模式：

一是解决家庭贫困，但这个太间接，传递过程太慢；

二是国家加大贷款力度，但这个没有考虑到家庭对成本的核算，也没有考虑到这类贷款的行政性对金融市场性的背离；

三是加大对学校的投入，提高义务教育的幅度，但这不仅会增加国家的负担，还会增大教育资源计划性配置的比例；

四是将学生成长或者说人力资本看作一个项目，引入拥有更多资源和能力的外部合作者。

股权投资有以下五个好处：

其一，纯市场化运作，减轻了国家负担；

其二，扩大了股东范围，减轻了父母等原始股东的负担，也弥补了原始股东的不足；

其三，为人力资本积累找到了合伙人；

其四，投资人看的是学生未来的成长性，只要认真成长，就能得到投资人的青睐，避免了“旧式”慈善的低效率选择、降低了债性金融下学生的财务风险；

其五，专业化的成长咨询团队的出现，不仅增强了学生成长的个性化程度，更加重要的是这标志着教育已经由“小作坊决策”“流水线制造”进入到“新现代”阶段。

前文的研究表明，学生的股东纽带由以前的血缘模式、亲缘模式、德缘模式，开始跃入到“法缘模式”。这是增资扩股的应有之义，不用大惊小怪。

(2) 首次人力资本上市

人力资本积累经过的环节有以下六个。

第一个是人才的甄别。主要甄别学生的潜能、爱好的范围及程度和特征，作为投资人之后选择的基础。这个过程十分重要，这是“因才”的过程，是“施教”的先导。

第二个是教育的决策。投资者根据社会需求来估算学生的价值，再依据培养成本、学生的“要价”来决定对学生以及培养方案的选择。这个过程是对学与用的平衡，使用资金对教育选择进行约束的理性过程。

第三个是教育资源的配置。只要能使学生达到“最大化效应”的成长，资源配置都是理性的。很显然，传统的以学校甚至院系为范围的课程资源配置将会让位于打破院系、学校、地区、国家等范围的课程，甚至超越课程资源的范畴，将成长资源无限泛化。

第四个是教育的实施。

第五个是人才的上市。指学生初次工作即人力资本的实现，也是外部投资人的部分退出。

第六个是人力资本的重置。

通过甄别环节的“北斗式”培养定位，被遴选上的学生获得了私募上市的机会。大家会发现学成之后的“学生商品”的“上市”是一个水到渠成的环节，由于有了专业机构的“加持”，学生的成长往往是有效率的，特别是专业团队不仅有为其推荐好工作的激励，更有推荐好工作的能力。

（3）首次股权公募

仿照企业上市的原理，当一个学生成长起来，从容走向市场之后，基本上就会获得比较稳定的现金流，并且随着经验的积累和持续的成长，薪资待遇还会不断增加。如同企业一样，人力资本拥有者也可以借鉴进行“首次公开发行”。其原因有以下四个方面。

①成熟的人力资本拥有者成长的目标和所需要的资源特征有所变化。比如，人类资本拥有者在此阶段需要交友、婚恋，需要获取更加丰富的工作经验，需要在更多的行业、企业进行体验选择，这些都需要有特定的人脉资源，因而需要新股东的加入。

②成熟的人力资本拥有者一方面要完全独立，失去父辈的金融支持，甚至还需要承担“养上育下”的责任；更重要的是可能会遇到更多的投资机会，需要进行有针对性的培训。这些都需要大量的资金，需要通过“自体未来现金流”的提现融资。

③拥有稳定性现金流的人力资本，也成为可资选择的一种投资对象。之前人们过度注重“法人”的投资、房地产的投资，这些都是传统的“物的对象”，现在则到了一个以自然人，甚至整个家庭为对象的投资机会。

④符合人类生活本质。在生活、交易、生产、金融等人类活动中，只有生活是最本源的活动，更何况人们活动的意义在于寻找幸福，而幸福归根结底不过是人的主观体验，因而将金融引入人的成长，让每一个人都充分成长，有利于达到更加高效、简洁的目标。

需要说明的是，人才的首次股权公募，存在个人隐私披露的困境，也存在个人炒作的缺陷。相比较而言，“人才的首次股权私募”与“人力资本的首次上市售卖”更加重要。首次股权私募是一个战略性的举措。

总之，中国要引领人类命运共同体的构建，就必须将人的培养作为一个全球战略性产业加以重视和研究。最有效的方法是用创新的方法思考教育、思考成长，引入金融与技术，让教育业或者成长业飞跃到“新现代化”的程度，这是对所谓“现代教育”的深度迭代。

中国应当成为21世纪全球人才盛产基地。

4.2 应用技术型大学的创变

应用技术型大学的创变已经有了很多可圈可点的成效，希望更多的学校克服困难，不再观望。同时，希望以下观点对高校转型有所裨益。

(1) 行行都有状元：人才百花齐放

从需求侧来看，中国目前对人才需求的结构性十分明显。在这个万业竞艳的时代，中国需要思想大师；在这个科技飞速发展的时代，中国急需创新型人才；在这个国际经济合作重构的时代，中国需要具有全球视野的复合型人才；在这个崇尚体验的时代，中国需要工匠人才。

学校作为供给侧，需要根据自己所在的地区、所拥有的教师资源，以及市场口碑，来决定自己专业特长，相信有一部分学校尤其擅长成为服务于地方的应用技术型高校。智慧的教师可能会“良禽择木而栖”，从而出现寻找适合发挥自己教学专长的师资优化流动现象。

(2) 创变个人认知：好匠人赛鲁班

同样，学生作为供给侧，需要决定供给什么样的人力资源，也即学生自己增加什么样的人力资本。这个标准总体来说就是做自己觉得幸福感最大的事，这得考虑自己的有效兴趣、有效潜能，以及社会的有效需求。其中，有相当一部分人会觉得，自己适合做工匠。做创新、创业、就业的工匠。

需要学生有素养去思考：人生的目标是什么？哲人早已告诉大家，学生应致力于寻找人生的意义。社会价值、兴趣与潜能决定了幸福感，幸福感决定了人生的意义。环境、节奏、情绪等因素决定了爱、能、需禀赋的差异，从而决定了择业、择学的差异，为什么要去攀比呢？

（3）制度护驾职业：技术产权保护

工匠精神体现为对流程、工艺、功能等的创新改良，但这些创新十分容易被模仿。如果将工匠的回报仅仅局限在精神层面，那是不现实的书生意气。出台相应的低成本的工匠创新保护政策，才能有效激励创新。

更进一步，构建统一的工匠创新平台，对各类工匠的创新进行全方位、系统性、多层次、立体型的分类及案例采集、工匠展示。这不仅有利于为工匠营造无形资产，还有利于为工匠的创新、创造进行产权的保护与价值实现。无保护、无价值支撑的工匠走不远。

（4）产教空间融合：企业走进校园

鼓励企业在高校办二级学院已经取得了不错的成绩，但是容易出现企业办高校、外行管内行等校企衔接融合不深的缺陷，毕业生的就业也容易给办学企业造成压力。现在所出现的企业进住校园的办法是一个既减轻了双方负担，又进行了深度融合的好办法。

一方面，学生可以近距离地观察企业某个环节对人才知识技能结构的要求；另一方面，学生的日常见习可以总体减少培训环节。因为是学生，还可以在某种程度上节约企业的劳动力成本。如果说轻资产型公司最适合企业进校园，那么重资产型公司则可以学校进企业。

（5）产教基因融合：升华师徒传承

工匠技能有很多属于隐默知识，并且依赖于手艺的传承，昔日“师傅带徒弟”的模式是有道理的。这里需要人们深挖师徒制的历史、机制，透析典型案例，比较不同行业的特征，结合中国国情研发出可供借鉴的、创新的“中国式新时代师徒传承模式”。

瑞士是现代师徒制的典范。从最原始的面包烘焙，到工程技师领域，再到建筑师等复杂领域，学徒制支撑瑞士人将竞争力发挥到了极致，使其劳动品质成为世界之首。现代师徒制，已经成为瑞士职业教育制度的一环，大家应当研究如何汲取经验。

(6) 构建融合平台：激发配置活力

既然应用型技术属于同一类别，人才培养方法具有相当的相似度。为了减小重复建设，进行有效的资源配置，构建统一的融合平台是一种创新。信息技术可以对所有的相关主体、供求信息进行深度揭示，金融制度技术则为应用型技术与人力的资本化提供支持。

融合平台的最大特征是对相关资源进行跨界联接：一是跨高校乃至于跨国的资源配置；二是对人才的培养、工匠的创新和创业、供应链之间的协同。应用技术型人才培养融合平台的构建是我国大学集约化、精准化、高效化、深度转型的有益路径。

4.3 “自然人+AI人”成长的圣地

党的十九大报告，明晰了所处的阶段、所举的旗帜、所要走的路。在这样一个技术千变万化，人类合作革新频变的时代，具体的战术是什么，更大的战略是什么，十九大给予了充分的启发。

报告中说，“众人的事情由众人商量”，该明确的明确了，剩下来的要各自去悟、去讨论、去尝试。所以，党的十九大报告作为纲领性文件，各行各业的人都要结合具体情况进行更进一步的思考。我们团队围绕“加快一流大学和一流学科建设，实现高等教育内涵式发展”这个主题，结合十九大报告的基本精神、总体方略、共性氛围，做一些综合性的思考。

首先，十九大提出了要重视“供应链”，这确实是一个新时代下的新课题。发达国家早已开始做了，他们在全球布局“供应链”，并占据控制力和附加值最高的环节。实现了“GDP+GNP”的双核化指标衡量，尽管人家GDP不高，但是GNP了得。

广义的“供应链”包括“孵化链”，关键是有掌握高科技的人才。这归根到底是一个高能人才培养问题。于是，一段人们难以发现的隐性的“供应链”被发现，那就是“传统供应链的孵化链”，即“教育—创新—创业”。

其次，党的十九大提出了“继续深化供给侧改革”，在整个“产业链”中，“教育”是名副其实的最源头的“供给侧”，“教育理念”和“教育政策”则是“源头的源头”。党的十九大报告中提出了“绿色低碳”理念，同样适合思考“教育业”问题。

既然所有的产业、行业、事业都离不开“教育业”，就没有理由不重视“教育业的改革”问题。令人感到紧迫的是，党的十九大报告提出“要加快发展”“人工智能和实体经济的融合”，作为自然人，正感受到来自“AI”快速迭代所产生的“威胁”。

那么大家如何应对这一威胁？

第一，未来社会是两种人融合存在的社会。

一个是自然人，一个是机器人；一个拥有天然智能，一个拥有人工智能；一个是对幸福体验有要求的人，一个是对幸福体验没有要求的“人”。人类将很快迎来一个人机跨界，互相融合的新时代。

自然人制造机器人，当将人的意识上传到机器人的时候，机器人就变成了人，除非“心之官则思”——心脏还可以思考；当将人的零件越来越多地换成机器，甚至换入记忆芯片、计算芯片，甚至心理、情绪调节器（人工药液），再甚至人的部分意识乃至趋近于全部，这时的人其实就蜕变为机器人了。

第二，教育业的任务将发生惊人变化。

人们不仅要面临自然人的教育，还要面临自然人如何生产机器人的教育，还要面临如何教育机器人的教育。然而，现实情况是，传统的自然人教育尚且存在效率不高的很多难题；大部分人还不理解自然人应当接受那些机器人相对暂时不擅长的领域；人们对人工智能的管理还没有形成一个统一的认知，讨论、担心在进行，机器人的进化却在加速迭代。

我们团队对传统教育的优化给出以下一些建议。

（1）在明晰教育进化的基础上占领教育高地

学校是传统教育的载体，但从教育的本质上说，学校不仅在时空上，更要在效能上为教育服务。从效能上看，教育分为四个阶段：

一是实点阶段，人类必须受时空限制，到一个特定的地方去，才能接受教育。比如，出国留学，去东京大学、哈佛大学，山区的孩子需翻山越岭才能到达预定地点。

二是“实点+游学阶段”，游动教学为实点服务，依然会形成基于实点的声誉。以密涅瓦大学为代表，该所大学的意义在于“体验+共享”，是在全球各地的现场体验，也是对全球各地社会资源的充分利用；

三是信息化阶段，进入了“O+O”，即“线上加线下”的阶段。目前的“幕课”、TED、可汗学校都属于这一种，但这是一个过渡到第四阶段的阶段。

四是网络隐形的全息化教育阶段。基于信息技术对传统教育场所、施教者、教育资料、教育手段的替代，一个新的教育载体应运而生，教育其实就是一个环境、一个胎盘、一个“孵化器”。该孵化器是所有孵化元素的集成整合，是一个可以随人游走的高能商品。谁掌握了生产这个“孵化器”的技术，谁将掌握教育业的高地。

(2) 创变传统教育中的核心环节——考试

传统考试用于对学生的评价和选拔，因而传统考试的理念有很多需要改进的地方。比如传统教育过多注重结果而忽视了对过程的精进；传统考试是对分数这个同一性的检验，但学习过程则是千差万别的，因而不提供分数型的考试，而提倡定性过程的展示；传统考试是一种居高临下的权威，而过程应是一种快乐的自主，因而应当将考试改为观察；考试是为稀缺准备的筛选器，但成长却是每一个人的权利，当稀缺“稀缺”的时候，筛选与“上帝”的选择同在。

不考试的学校已经在实践中存在了：美国加州圣地亚哥的一所创新学校——High Tech High，没有教科书、没有上下课铃声、没有考试，孩子们每天都忙于一些自主选择的特定项目，为了一年一度的大型展览废寝忘食……升学率占到98%；北京回龙观的“日日新学堂”，没有考试，没有排名，已经办了若干年。

(3) 将教育作为中国未来最大的战略产业

教育的结果是“习得文化，掌握知识，创新创业”，其中文化是最敏感的教育，是因为“教育具有教化作用”，为了防止“和平演变”，促进文化出国是十分重要的举措。美国占领教育高地的最大效应就是对人们认识的改变，多少各类人士将国籍改为美国，这正是教化的文化推广收益。这些人已经在心理上投降了。但是如果能将中国建成世界上最具吸引力的知识获得胜地，中国也就自然成为世界上最强大的文化圣地。教育胜地使大家处于人类智慧的最高端，是最有意义、最源头的“产业生命链”管理行动。

4.4　新教育

人之所以是人，就是因为人类具有不断学习与创新的基因，具有不断向上的自然动力，具有自主成长的“内驱力”。因而，教育只不过是个人发展的派生性需求。既然如此，教育要服从于人的“内驱力”，“逆之者，成长亡；顺之者，成长昌”。

十九大报告中强调的“努力让每个孩子都能享有公平而有质量的教育”，报告中同时也提出要“办好人民满意的教育”，正是与“内驱力”相容的体现教育天然规律的表述。这说明我国的教育有伤害“内驱力”的地方，这也表明我国的教育存在可以优化的空间。

老子说“道生一，一生二，二生三，三生万物。”成长就是“道”，成长者与环境所构成的关系就是“二”，教育就是使环境与人“负阴而抱阳，冲气以为和”的“场”，促进人的成长。以下演绎“负阴抱阳”的各种可能形态，来感受教育中的得与失。

（1）试错

既然求知环境是人的“内驱力”，那么由于人的非理性，在环境和人之间互动时，必然存在各种的“出乎意料”，自然存在各种的“错误”。不要说没有“终极答案”，即便有，寻找正确答案的过程就是一个探索过程、试错过程。这个过程就是教育。

没有正确答案是牵动学习的最佳动力。正因为如此，这里要批评某些传统教科书动辄给出正确答案，并且用正确答案判定学习程度的做法是错误的。“失败乃成功之母”，本身说明，人生就是尝试、就是体验，而不是寻找正确答案。答案在所有人的心中，答案各异。孔子与学生对话讨论，就是一种充分发挥每个人想象力的过程。密涅瓦大学反对给学生终极答案是应当推崇的。

（2）自选

人生如花儿，四季各芬芳。不同的花儿发芽期、需要的营养、生长节奏都各不相同。何况有灵性、有意识、有心理、有情绪的人，其与外界的互动组合更是千变万化，整齐划一是对人性的扼杀，也是当今教育的痛点。

大家分明见到，有的大师没有任何文凭，却成为大师，那是因为“探索自己所爱的”，没有交易，没有痛苦，幸福满满，硕果累累；大家也分明见到，“范进发疯”“孔乙己穿长衫喝酒”；大家还分明见到因为竞争，学到抑郁；大家更分明见到大学毕业，恨书如敌。

（3）处处

人生充满着不确定性，你会经常发现，不仅“开卷有益”，而且“开门也有益”。之所以要行万里路，为的是路边的偶遇会在不经意间碰撞出你的潜能，激发了你的爱好。并非只有桌子旁才是探索的界域，也不是舞台才是表演才能的训练地。研学旅行体现了这种精神。

学校具有规模性、聚集性，但学校也充满着同质化、书生气。与外界隔离的呆板，已经病化为太多人“精神的领奖台”。“学院派”的称号在某种程度上未必是对专业能力的称赞，而是对闭门造车的“雅称”。若非要“学校”存在，那么学校应当进政府、进田间、进企业、进家庭，学校由空间表象向功能化进化才是今后教育改革的方向。

（4）时时

“自选”的结果就是“妙手偶得之”。如同“灵感到来，灵光一现，转瞬即逝”一样，养牛场的牛可以听音乐统一喝水，但养鸡场的鸡不能一打铃就统一下蛋。大家无法确定何时会有大家想要的结果，因而对于科研工作者来说，统一的作息、统一的铃声在一定程度上都是错的，我们之前重视得不够充分。

混龄学校是对成长节奏“跨期融合”的有益尝试。其实，还可以更大跨度的混龄：老人与婴幼儿混龄、壮年人与年轻人混龄，混龄尊重了个体成长节奏的差异。科研事前激励与事后激励相结合也有利于激发人们平常多下工夫，有利于以灵感为标准提高课题管理效率。

（5）种学

要学的东西太多了，究竟从哪里学起？如同一则寓言，有儿子愿意要黄金，有儿子选择了种子。知识也一样，不要“学结果”，要“学源头”“学根本”“学规律”“学种子性”的知识。生活、社交、共事，本身就是种子，学不会这些，连生活都寸步难行。

由此衍生出来的道德与自我的均衡，智慧与聪明的均衡，素养与知识技能的均衡都是最基本的种子之学。简要总结一下，种子之学包括求知学习的能力、观察认知的能力、口头与书面表达的能力、组织与交往的能力、创新与变通的能力、号召与人格的魅力。

（6）综合

分项、分段训练容易让人失去目标感、总体感、成就感，相反容易强化人的“书生气”。结果会导致学生厌学、“毕业生难以回归社会”、高分低能等，都是教育风险的体现。“分裂式训练”可能正是教育病的根源，“综合训练”或许是治病的良方。

问题型、目标型是综合训练的原则，而以解决生活、工作、人生中的问题作为目标是最具有落地感、教育风险最小的训练。西方让小学生做调研、写报告，让孩子们解决生活中的问题，这与毛泽东提倡的上山下乡的沉浸式教育有相通之处。这些都是具有“战略意义”的战术。

（7）深 T

所谓 T 型人才，指的是既专又精的人才，当今世界则更需要横向通才和纵向专才，甚至需要“T”型才能在“同一个人身上”、在“自然人与自然人之间”、在“自然人与 AI 之间”深度分工和深度的多样化融合存在。自然人与 AI 分工的趋势和节奏构成了“新 T 型人才”的深度背景。

“深度通才”，需要有跨学科、跨空间、跨年代的领悟力，这种跨是大跨度；“深度专才”的深是极深，像爱因斯坦般“忘我”，像诺贝尔一样“痴情”，像霍金、纳什一样“生活不能自理”；当今中国非常需要“纵横驰骋”深度跨界的人。

（8）异察

量子力学理念认为不同的人就是一种“震动频率不同的弦”，因而人的成长实际上就是人与环境的各种动态组合下的“震动频率的互相叠加的结果”。其节奏、模式等都不相同，那么对不同人的成长水平的考察方法必然是不同的，应当有这种能有效区分不同人特征的统一模型。

看看传统的“考试”：用相同的学习对象、同一个试题库、甚至相同一份试卷、换算成同一性的分数，再将基数偷换成序数。教育AI很快就会“粉墨登场”，考试机器马上将成为过去，个性化观察、个性化成长决策已经成为可能。

（9）合伙

应当把人的成长当作一个项目去看待，大家可以在项目合作中共同受益。项目的完成有待于“钱财”“人脉”“方法”“精神”“心理”等多种资源的聚集与运营。个人愿意请求别人帮助自己和别人愿意帮助他人都是具有“共享”精神的表现。

“慈善公益”“财政”“血缘亲友”“法缘”“债股”等都是灵活机动的不同性质的合作模式。但是鉴于人成长的“种子特性”，更需要天使和“傻瓜”型合伙者，所有债性关系都要谨慎用之，股性关系是个人成长中的福音，这需要参与者的智慧。

（10）平台

成长就是自我试错，试错随时随地都可以进行；试错要围绕生活、工作、家庭展开；试错要围绕实际问题的解决展开；试错必然会发现每个人的爱好、各不相同的潜能。社会问题的解决不仅要依赖这种不同爱好和能力的人的合作，试错的完成也需要这种不同的人之间的合作。

传统的学校平台，需要开放型优化，让其边界向全球拓展，让其适龄范围无限制扩展，让“入学者”免资格进入。让学校变为无时无处不在的加油站、充电桩，让学校变为人们生活工作中的情绪、心理、精神修复地。

这就是新教育——学校成为所有人生活、“生产”、娱乐的第一需要，是所有试错者进行合作试错的资源配置关系即一种自由交易关系的现代化大平台。

4.5　教育“性态”重塑

“人类命运共同体”是一种代表所有人美好愿望的智慧、理念、机制。不管是用望远镜远观还是用显微镜近察，不管是从宏观外形还是到微观细胞，都能感受到这种机理的存在。不管是“货币配置业”“要素配置业”“商品配置业”还是“生活配置业”，都是这种理念可以生长的土壤，属于“要素配置业”的教育业当然也不例外。

党的十九大报告中说，要办“让人民满意的教育”。一旦在“人类命运共同体”的视角下看这句话，要面临的是一个广义的“人民”概念。不仅要让国内的“人民”满意，更要让“一带一路”上的“人民”满意，还要让“‘球’带‘球’路”上的“人民”满意。

一句话，只要是有利于“人类命运共同体”的人，都属于要包容及肯定和热情服务的“人民”。要让这么多种类的“人民”都满意，看来大家必须回顾历史，放眼世界，采集优秀的教育基因，培育前瞻性的教育基因，求最大公约数，才能让“多类人民”满意。

信息技术的高度发展使教育基因发生了“变异”，教育的性质也会发生些许的变化，教育的要素功能的“基因”必将发生重大的跃迁。那么，教育机制、教育生态、教育机构、教育主体的外在形态，自然要发生地位、时点、空间……多方面的变化。

(1) 空中市场

AI（Artificial Intelligence，人工智能）是作为研发用于模拟、延伸和扩展人的智能的理论、方法、技术及应用系统的一门新的技术科学，已经有了长足发展，市场猜测通过摩尔定律，必将达到“奇点来临”的程度。人类必将面临与 AI 共同成长的境地。

因而，“教育云手”或者说“教育决策之手”的时代必然来临，这是人类信息处理能力提升的总结果的一部分，必将激发“教育信息业”成为今后教育业的先导性、核心性、主导性的重要组成部分，“统一云市场”将是“教育信息业”存在的基础。

（2）新型校园

教育性质变化必然会导致教育主导者地位的变化。传统的教育主导者是学校，一旦学生进入了这个学校，就得服从这个学校的各种规矩。“未来教育”的主导则是学生，既然如此，教育这个主要代表了学校（老师）行为的词汇，当然要让位于能代表学生行为的词汇，这个词汇叫作“成长”，或者“体验”，或者“年轻人寻找幸福”。

“新教育”下学校的主要功能：一是线下互动场所。头脑激发是成长的主要功能，团队演练是社会性人格的精进方法；二是规模效应；三是成本效应；四是文化特征。比如保留不同学校的文化特征，以满足学生的站队心理或精神寄托，如同球迷；五是稳定器。学校作为教育演进过程中的线下平台，就像飞行器的翅膀，要做“教育飞行（演进）”的“平衡器”。

（3）实验平台

从传统上讲，很多学校的图书馆、校医院、实验室都是封闭的，这种模式增加了学校对这些机构的可控性，但却带来了资源的重复建设和浪费，对于那些“水平”较差的学校来说，封闭会造成“低水平循环陷阱”效应。但是实验场所的开放，会引来人才“高手”，而“高手”的示范效应，会带来高能聚集效应，实现信息零成本的传播。

这些平台的种类可以是多元的，除传统的理、工、农、医等平台之外，还可以包括社会科学、文化历史、军事外交等多种实验平台。目前的研学旅行基地，就是这种模式的初级体现，可以命名为“研学基地平台”。世界上曾有“贝尔实验室”等平台，这些平台都做出了重大成就。现代教育要求建立更加开放的、现代的共享实验平台。

（4）咨询机构

咨询功能也可以看作是传统学校功能的社会化。以前，咨询功能被吸附在学校内部，但由于学校基本上奉行的是“本位主义”“学院派主义”，咨询功能狭窄化、附着化、同质化，不够接地气，最后淹没在“教育实施”这一低层次问题上，教育咨询发展严重不足，即便是所谓教育发达的美国也概莫能外，可见未来教育的咨询市场大有可为。

未来教育的咨询可以看作是“兴趣甄别”“潜能发掘”“全球产业链律动预测”“职业规划”等的综合体。做好这个咨询，需要具备基因工程、心理科学、统计计量等多种科学技术知识，更加重要的是需要懂得成长咨询的总的设计知识。

（5）社区场点

很显然，社区场点也是传统学校的裂变和延伸，其需求原理非常简单，一是“过度场效应”。之前的“成长六胎论”表明，“学校胎”是“家庭胎”的地理沿展；二是“地理经济学效应”。以幼儿园及小学接送孩子所造成的各种拥挤和损失为例，你一定能感到加强社区对学校的替代和补充十分有必要。

社区场点的发育有几种不同的程度。“家庭学校”可以看成是其初级阶段，因而“母亲半工半陪”甚至“暂时辞职”替代保姆和学校功能是先进“教育生产方式”的体现；以社区为半径形成“家庭学校互助合伙”相当于学校的分部；最高阶段就是“社区学校”，但传统的社区学校应当通过“未来学校”基因的注入来加以改良。

（6）政府统筹

实践证明，政治团体的过度独立与所谓的平等竞争是幼稚的。相对来说，注重“系统利益”的政治团体终究会保持冠军地位。寻找这样的团体，形成稳定的政治格局，用“行为内化”来替代所谓的“政党竞争”，可以减少交易成本，尤其是一个大国系统稳定发展的基层逻辑。需要强调的是，类似中国共产党领导的政治协商制度的“内化模式”，需要配套“政党先进性保持机制”，监察机制的改革正是这类配套的体现。

“三观”和谐是组织稳定的前提，教育则是养成“三观”的重要产业，因而在目前尚存国家之争的条件下，政党参与教育管理工程是国家的应有之义。但是，国家在其政府能够对教育性质保持控制力的条件下，调动“平台市场”的治理力量，不仅能减少政府负担，更重要的是顺应信息不对称规律，能较大提升教育发展效率，降低教育系统的监督和运行成本。

4.6 创变教育研究，消解“选拔效应”

“三色”幼儿园事件，曾在网上达到“白热化”的程度，还有“学生弑师”与“小学生喝农药”事件。这些事件表明教育问题不能再像以前那样停留在“业”的层次上考虑了，而应当站在更远、更高、更深、更本质的层次上思考和研究。

(1) 委托代理问题

教育中所出现的问题，可以用一句比较学术的话但却是更加本质的话来描述，那就是“委托代理”问题。教育中的委托代理主体包括：“二级市场投资者”“一级市场投资者”“一级市场中的经营者”“经营中的被雇佣者”“教育服务的购买者”“教育监管者”等多个主体。

二级市场中的“转手利得”天然具有对一级市场的“辛勤劳作”冷漠的本性。“三色”幼儿园在美国上市，容易导致幼儿园投资者将“三色幼儿园”在二级市场转手获利，而不利于它成为一个“教育工匠者”。

这为人们提出了一个问题，像教育、养老、医疗、房地产等这样的人类“基础设施业”，是否应当对其上市的必要性、上市后是否对其转手行为加以治理等，这些问题必须进行讨论。同理，连锁经营也是品牌运营与日常管理的分离，是否也应有创变性方法，以便将教育工匠精神贯穿到教育业的全过程之中。

否则，那些与教育过程紧密相关的主体却成了被人格化资本摆弄的“道具”：教师甚至大师尽管“蜡炬成灰泪始干”，也只不过是一个品牌道具；学生只不过是获益的来源道具。

(2) 教育“公地悲剧”

湖南的“学生弑师”事件之后，有文章用“剧场效应”来描述这类悲剧的根本原因，后来我们团队听到了一些相关的描述，似乎也可以用“房子里的大象”“皇帝的新装”来近似地类比这类现象。这些描述尽管很形象，但缺乏对教育本质的挖掘，因而也不过“挠挠”而已，提出可行的方案很难。其实以上惨剧明明就是教育中的“公地悲剧”！

公地悲剧首先是由教育的“公品性”决定的。教育具有极强的正外部效应，所谓教育，其本质就是受教育者主体从环境吸取信息和得到体验的过程。当外部效应的制造者得不到补偿时，这种正外部效应迟早会衰减；反之亦然。环境决定论在一定的度上可以运用在教育上，“孟母三迁”就是此原理的运用。

学校体制的本质是教育聚集，让学生围绕在老师周围、大师周围，沉浸在优秀的学生中，徜徉在沉淀了几十年甚至上百年文化的校园内，遨游在图书馆的知识海洋里，被包裹在各种向上的社团里、实验室里、教室里。这些资源越丰富、越高级，人的成长越快。

聚集性教育资源不足和用人岗位不足都为“教育选拔”提供了制度支持。但是，如果聚集性教育资源变得充裕呢？用人岗位不再稀缺呢？创业意识增强了呢？或者换一个角度，分散的教育资源可以被挖掘调动呢？如果此时还沉溺于“教育选拔”，就是将“教育选拔”当作既有的制度加以遵循，大家都在选拔号令之前努力锻炼，甚至“抢跑”“偷跑”。教育更会偏离其本源，开始变成捆紧人的恶魔。

只要选拔制度在，永远只有一个“第一”，永远都存在相对“最差”的那一个，绝大部分人都被贴上了“人下人”的标签。大家进入了“自扫威风”“愚蠢至极”的选拔模式：既然是选拔，就要追求规则的一致。大家都在想：只要我多做规定动作，遵循“一万小时定律”，我当然就可能超越你；如果我有咒语，那么只要你倒下，我就有可能取胜。大家都在加码，其实大家都在“博傻”，而没有人制止这种对集体有害的“集体性行为”。这不是教育“公地悲剧”，又是什么呢？

（3）重塑教育管理

由此可见，与其用“剧场效应”来间接描述这种“坏的教育竞争”，不如用教育“公地悲剧”来直接描述这种“无人制止竞争”的教育现象；更进一步，不如更加精准地提出“教育选拔效应”来将目前的“教育恶性选拔”现象促成严肃的课题加以研究。

造成这种“恶性竞争”的责任人人都有份，少不了家长的自私、学生的无知、资本的霸道、商家的丑恶，但更加需要检讨的是教育主管部门的“代理能力”。这里大家要赞扬教育主管部门的“代理道德”，很多人都是呕心沥血的，但是“代理能力”不足却是客观事实，问题出在“教育理念”的落后上。

这个“代理能力”当然是可以提升的，这就要求大家必须具有教育创变的新思维：本质地看，教育其实是个体的成长；放眼看，学校只是受教个体的匆匆过客；动态看，教育资源已经到了不稀缺的地步；反面看，创业可以替代就业。这些都是降低“选拔效应”的有利条件。

人们欣喜地感受到教育主管部门已经着手聚集教育研究大师，试图采用专业跨界、思维前瞻、全球视野、工匠精神，运用沙盘、复盘、实验、试验、试点的方法进行教育改进。客观“史记”政策研究者、制定者、实施者，并终生追究，记入资信，教育一定能焕然一新、让人民满意。

“奶粉”换成“母乳”是进步，“保姆”换成“母亲”更是进步，幼儿家长现场深度参与也是进步；更加根本的是削弱和分化学校无所不包、无所不能、集中统一的功能；但归根结底的是消解“选拔效应”：宁可创新“致死”，不愿壮志未酬先“选死”，才能去读那篇振聋发聩的《少年强》。

4.7　中国教育负担的多重致因

一提中国的教育负担，大家不用想象，都明白什么意思。一提减轻教育负担，大家又都很迟疑，充满纠结。这是为什么？因为教育负担确实重，确实伤害到了很多人，从个人、教育方到被教育方，甚至国家。但是，如果对教育减负，却似乎同样会伤害到以上这些主体！简直“没法减”！

这究竟是什么原因呢？中国教育怎么了？不能说大家连同教育都有“精神病”了，但也不能说中国教育就没有“病”，更别提中国教育是否轻松愉快了。这一切，都源于把教育这个词“供奉”得太高，对教育这个事物没有透彻理解。

毫无疑问，中国教育是世界上最了不起的教育！曾经多次掀起全民学习的热潮，消灭了多少文盲，高考制度恢复后又曾经挽救和激活了多少人才，几十年的高考制度激励了多少孩子挑灯夜战，高考制度给美国名校输送了多少优秀的学子，给中国改革开放提供了多少工业化的人才。但是，“衡水模式”般不断加负的教育制度，让孩子、家长受到了不堪重负的压力，有良知的教育管理者感到了教育的粗放。如今，我国的历史机遇改变了，我国对所需的人才的要求改变了，因而教育消费需要升级了，原来的教育体系显得不科学了。

是教育供给方的供给不科学，还是教育需求方的需求不科学？或者是教育市场不科学？还是教育管理不科学，似乎都不科学，这正是教育复杂的原因！所谓教育负担，那是立场不同的人，只顾及自己感受的缘故。词是同一个词，解却不是“同一个解”。原因是教育一旦异化成选拔资格就蜕化成一个系统性事物，解决这个问题也必须站在系统的角度，那就是降低系统性，让教育回归自然、回归成长、回归幸福。

站在“成长幸福”的视角透视教育现象和人们的教育感受，大家很容易发现“教育负担”是一个包含多重语境的词，是一个有多重致因的结果。

(1)“无爱”导致的负担

马克思在《哥达纲领批判》中说，共产主义社会“劳动不再是谋生的手段”，而是“人生活的第一需要”。“谋生是人类为自然生命的延续而进行的生存活动，生活则是人类因为有意识而作为人类本质得以自我实现的生存活动。”由谋生到爱，国人已经具备了这种格局提升的条件。

如今，中国的经济发展已经达到一定的程度，用马斯洛的话说，人们的“生理需求”基本已经达到，自我实现的日子已经扑面而来。

但现实是用分数代替爱：高考录取靠分数，每一级升学几乎都靠分数，课程合格也靠分数评价。孩子从小就在应试，而不是去体验、去解决问题。

如果将自己的爱好作为第一原则来选择“学什么”“做什么”，一定会学得好、做得好，容易投入全身心，学习不需要人监督，不需要励志，容易产生工匠效应。

(2)“无能”导致的负担

那么，什么会约束这种金钱回报的多少呢？答曰：潜能。如果只有兴趣，让自己愉悦没有问题，产生工匠精神没有问题。但是如果没有这个潜能，那就意味着很难做到工匠效果，很难满足社会的高水平需求，就只可能“自娱自乐”罢了。

这种“无潜能”的学习会造成多种负担。无潜能的学习，会耗费国家、家庭或者个人的宝贵资源，造成物质负担，造成教育资源的浪费！但更重要的是，“无能的学习”，一旦用分数来衡量、揭示，并公布于众，不仅是隐私的暴露，更是自信的“归纳式”的“阉割器”。

“无能的学习”答曰：源于教育甄别机制的缺乏。我们团队的判断是“全球教育仍处在小作坊阶段”，没有专业化的、现代化的潜能甄别机制，都是凭感觉、凭权威、凭尝试，导致“差之毫厘谬以千里”的人生悲剧。TRIZ 原理[1]启发我们，教育也应当存在科学的甄别机制，以避免教育上的盲动。

(3)“无需”导致的负担

所谓“无需”指的是无视社会需求所导致的负担。一个是关于“供给创造需求”的角度，一个则是“需求决定供给”的角度。后者又分为社会资源稀缺程度严重、社会资源相对充裕两种情境。

从第一个角度来看：只要有爱有能，那么学习不仅是一个自我愉悦的活动，而且归根结底能在质量和功能方面达到十分神奇的程度，需求自然随之而起。比如苹果手机、脸书、各种互联网经济形态等高科技产品都是供给创造了社会需求。同理一个学有所成的人才，社会一定会需求他们！当然中国封建社会时期，好东西是皇帝的特权，别人想要，说不定还要被杀头呢！

另一个逻辑是，在社会资源稀缺的条件下，要倡导学习尽力与社会需

[1] TRIZ 原理是苏联的阿奇舒乐发现的工程技术发明的一般方法。

求相结合。中华人民共和国成立后的年代、改革开放初期，学习的倡导无不多少打上社会资源稀缺的烙印，教育更多地强调社会需求。然而，今天的国家总资源完全可以向“爱、能、需交集”的阶段进发。当然，只考虑需不考虑爱、能，三者兼顾考虑，一直到不考虑需只考虑爱、能交集，再到只考虑爱，是一个教育决策进化的“光谱”，这与资源稀缺紧密相关。

（4）言不由衷的决策

复杂的是，教育决策是一个需要社会供给和社会需求同时配合的活动。教育需要专业化的团队运用多种信息技术，在甄别的基础上，预测人力资源价值实现周期下的市场需求，才有可能给出科学的结论。

当父母作为“第一大股东”的时期，你既没有能力也没有权力甄别自己的兴趣、潜能，你当然既没有能力也没有权力结合各种要素做出教育决策，你学习的货币价值变现的市场更不可能是你主导的。但可惜的是，由于父母立场和水平的缘故，决策则往往是不能表达求学者的心愿。

决策是一个既有战略要求，又有技术要求的活儿，但有些决策却是两者都缺乏的。从战略上看，要看未来全球产业链的动态布局，你看了吗？能看得出来吗？科学的决策需要将爱好、潜能、学习者工作时的市场需要、所有配置的资源的成本收益、各类资源的可获得性进行均衡分析，学习者一般难以做到吗！

（5）身外之物的回报

一方面，在人生最重要的家庭胎期间，父母往往上有老、下有小，忙于养家糊口，陪孩子的时间日趋减少。同时，由于认知误区，父母认为0～3岁不需要太花精力用于教育。重喂养而轻培育，教育的成分不是没有而是少得可怜。0～3岁之后，家长又将教育看得太神秘，认为只有到了正式机构，掏了钱才算是教育。

另一方面，教育的监管者以达到某种办学指标作为工作评价依据，使教育过程夹杂着高强度的检查活动。学校的教学也围绕上述活动展开。简化为机构的资格、学习者的证书。甚至教育监管者既是运动员，也是裁判员。留给受教育者的权利太小了。这样导致的结果是，学习者学习结果的衡量几乎都量化为分数和证书，并上升为全国主流的回报依据。

于是，产生了一个方向的行为决策链环：回报决定了文凭，文凭决定了分数，分数决定了行为，行为决定了感觉。这个感觉就是：十分累，负担太重了。其实，负担重的不仅是学生，更是教育部、学校、教师。因为大家无一例外地选择了自己不爱的活儿，深层次地说，大家不知道该如何选择自己爱的活儿。分数及其产生的排序效应几乎是所有人厌恶的东西。

（6）身外之物的资源

教育是一个“立维聚集”社会资源的活动，教育的本质其实就是通过“立维”的方法为学习者提供上述四类资源的过程。这个“立维”包括三个方面：一是立产业链之维，即把教育置入产业链，教育的目的就是培养人去孵化产业；二是立教育信息之维，即让人们围绕教育所在产业链进行教育信息的揭示；三是立金融链之维，即要解决所有教育利益相关者的资源稀缺之苦。

人是社会的，人的成长是离不开社会资源支持的。这些资源提供者包括：父母、国家、社会（市场）四个部分，这四个部分恰巧构成了人的四大股东类型。这四大股东为学生提供的终极资源包括两部分：资金、增值服务。

事实上，自己、父母，往往既不能提供足够的资金，也不能提供足够的增值服务。那就只能依靠国家和市场了，国家可以采取财政的方法，市场可以采取股权的方法。但如果这两方都不能提供足够的支持条件的话，教育的效率或者公平就难以实现。这时责任不在别人身上，只能落在政府身上。政府不仅提供有效的教育政策，也是教育资源“殿后”的唯一责任人。

总而言之，教育负担由多重原因导致，但归根结底的解决方法是通过股权为学生引入市场合伙人，同时，教育投资者要具有科学决策的平衡能力。只有这样，教育市场才会发生本质性改变，教育负担或许不复存在或不成为一个问题。

4.8　教育改革须改七观

2018 年的两会期间，克强总理提出要“发展公平而有质量的教育”，表明中央已经对教育改革十分重视，并提出了原则和方向。但是如何让教育改革的方向更加具体，让原则能够落地呢？

我们团队认为教育必须从视角观、周期观、地点观、链条观、内容观、原则观、操作观七个观念上发生转变。

（1）视角观

所谓视角观，指的是应当从“教育观”亟待转化为“成长观”，教育的主体理应是学生，教育的目标，是学生的成长，因而“成长”更能代表教育的“本质”。

教育强调了教师的教，容易给人以“无教不育”的错觉。其实，人的成长有教师资格证的“老师”可以教，没有教师资格的人也可以教。成长者本人可以自己教自己，而事情和环境都可以被动地教。

（2）周期观

人生的成长可以概括为“六胎成长论”：“择胎期”，孩子委托父母制造“宿营地”，注入初步的精神营养液，父母的素养对孩子的素养养成影响巨大；“娘胎期”，这一阶段的情绪、营养、饮食、胎教手法等对孩子成长贡献十分大；“家胎期”，孩子五官所及，都容易成为影响孩子终生的成长要素；“校胎期”，作为专业化、规模化的、社会化的成长地，一定既有利也有弊；“工胎期”，是一个边干边学的更加正式的社会环境，为人的成长提供了丰富强烈的社会性；“老胎期”，不仅是颐养天年，更是激活潜能、变现残值、提升理财水平的重要时期，也需要不断成长。

“成长的六胎观”，让大家更加明显地发现“教育的规律”。“教育的重点”应当发生史无前例的向前转移，否则都是在缘木求鱼、南辕北辙，践踏教育规律，甚至是在犯罪。“教育的投入”对人的成长是前置性的、基础性的、重权重性的。

（3）地点观

所谓“地点观”指的是“教育（成长）发生的地方”的观点。周期观决定了“地点观”。成长者时时都在移动，一生可能天南地北，因而成长无处不在，“教育无处不发生”，教育随人而动。

这要求全社会都要肩负起培养“接班人”的重任，如果没有这一理念，就会发现，一堂课的正面教育抵不上两分钟的社会污染！十几年的学校式教育有可能因为粗糙和“流水线”而蜕变为对孩子成长的扼杀地！因而，社会是最本质的“学校”，任何地点都是实实在在的课堂。

（4）链条观

所谓链条观，指的是任何人的高效率成长，都离不开专业化的六个首尾相接的环节，这就是：

“甄别环节”，要甄别出成长者的爱好、潜能等各种特征；

“决策环节”，就是要求爱好、潜能、社会需求、资源成本的“公约数”，让“效用最大化”；

“资源配置环节”，凡是确保成长的资源都可以配置，不管这些资源在校内还是在校外，是人还是物，是物还是场，是场还是精神；

“教育实施”，主要是方案的执行过程，教育品是一个静态物的消耗过程或者动态的服务过程，是成长者与资源相互作用的过程；

“上市环节”，主要是成长者人力资本供求双方互相选择的过程，这是一个宏观经济问题，需要大数据、大市场，才能保证双方选择的效率和匹配度；

“重置环节”，指的是工作供求双方解约和重新签约的过程，可以是雇佣也可以是合伙，这依然需要一个效率极高的市场，并需要第三方专业机构的介入。

（5）内容观

人的成长过程可以具体化为一个“素养”增进的过程，可以细化为“基本素养”“专业素养”“职业素养”，组成一个层级金字塔：“基本素养”是后两个素养共有的基础。包括观察能力、学习能力、表达能力、组织能力、创新能力、人格魅力，“专业素养”则是“职业素养”的基础。

更广义些，成长的内容可以概括为“身、心、灵”三大块。

（6）原则观

“爱、能、需”是择学和择业的原则。不是草儿疯涨、不是养猪，更不是流水线，这个成长过程具有强烈的“自然扬花期特征”。

持续提升成长效率的秘密是“心流效应”，即美国学者所提出的一种强能力与强挑战精神相结合后的效应：一种忘我的美好幸福的心理体验。

希望在此基础上，加入兴趣和社会需求两个变量，让这种心流发生的概率更大、程度更强、时间更加持久，此谓期望的“超级心流状态”！

（7）操作观

再好的理念，如果不能落地生根，科幻就变成了幻觉，想象就变成了妄想。如何让以上的观念在现实中发生效能？如何让这些观念的转化具有可操作性？当然离不开蕴含着机制和效率的“操作平台”。即“教育塔福域平台”。

在这里，教育以成长的视角形成“学、研、产，上、中、下”的“教育产业生命链”，让“孵化链”和“供应链”在“神经”“消化”“呼吸”等系统上贯穿回流；贯穿回流的前提是快速低成本的配置信息；价值回流的保障是丰裕的金融服务。

一句话，教育要“升维”，才能看清教育的本质、规律，完成教育的使命！“升维”讲究对产业分类、讲究对人进行“道德”分类，需要教育部激发市场、构建平台来分担自己监管的负担。

教育新七观是具有操作性的新七观，有了新七观，每一个成长者将会轻松幸福地成长，国家的人力资源将会跃入一个高层次水平，中国教育将会是绿色的，中国的发展将会是绿色的。

第5篇　北京大学新工科个性化人才培养的实践

工程教育进入了快速和根本性变化时期，最好的工程教育不限于世界一流研究型大学和小而精学校，新的竞争者将为未来卓越工程教育建立新的标准。

在当代以新技术、新产业、新业态和新模式为特征的新经济背景下，实体经济、科技创新、现代金融与人力资源已经成为当代中国协同发展的产业体系，"新工科"建设呼应了产业转型升级和新旧动能转换的需要，是提升国家硬实力和国际竞争力的积极举措。"新工科"内涵从学科导向转向产业需求导向、从专业分割转向跨界交叉融合、从适应服务转向支撑引领。把"新工科"建设成为高校综合改革的"催化剂"，将"新工科"下的个性化人才培养提升到战略发展的高度是新世纪工科建设的主题之一。

在新型的"政、产、学研、用"体系中，政府营造最适宜的创新创业环境，产业界将高校创新创业教育做强做大，学研负责培养人才、输送成果、联合研发和创办孵化企业，应用领域检验和评价整套体系是否已经走向成熟。

北京大学工学院在"新工科"个性化人才培养方面，从课程体系和教学资源入手，重视提供丰富多样的课程与教学资源，鼓励学生在导师指导下自主规划职业发展，充分展示学生天赋特长，学院还为学生的个性化发展提供各类支撑和保障条件。

在创新工程教育方式和手段方面，北京大学工学院做了积极的尝试，通过校内的学科资源与社会资源的有效整合，打造工程教育和学生个性化发展的新生态。

北大工学院的做法是消化吸收国外的创业成功经验，引入投资基金与业界企业扶持一批具有创业意识的学生进行创业实践，推动北大科教结合、产教融合协同育人的模式创新，打造北京大学工程创新中心和人才高地。

课程模式创新——北京大学“对话全球创新大师”公选课

5.1　走出实验室

北京大学工学院博士生熊明磊的研究方向是水下机器人，他最为感慨的是“北京大学和我的导师谢广明教授给了我一个很大的平台让我可以尽可能地发挥创造力。”

在入学之初，学院就充分地了解并综合分析了熊明磊的自身条件，认为其适合并擅长在水下机器人方向发展。同时，发现熊明磊同学比较喜欢综合的统筹项目，也具有很强的沟通能力，谢老师就对熊明磊同学进行了针对性的专业化训练，并着重定向化地培养熊明磊同学的创新创业能力。

在校学习的时候，熊明磊接触到很多优秀的创新创业人才，从他们的身上得到了许多的启发。作为一名在校学生，当时他对产品的商品化没有太多的了解。角色不同时，考虑问题的角度也不同。当时只考虑了如何突破技术难关，把所有最新的技术融入初代产品当中，并没有做好充分的市场调研。但是做产品与做技术不同，要了解消费者到底想要的是一款怎样的产品。于是，熊明磊组建了专业化的团队，对产品的外观、外形、使用体验做了很大的修改，不断地完成从“做技术”到“做产品”的转变。同时，学院和学校也组织了很多创新创业的活动、比赛，在这些活动中该团队能够清楚地了解到自己到底有哪方面的不足，别人对他们的项目是一个什么样的看法。尤其是在北大大学生创新创业中心里，他们认识了许多创新创业的前辈，向前辈们请教了许多问题以避免日后的风险。

学院特意支持他们积极与外界交流合作。比如让他们参加了许多国际性的比赛。例如国际水中机器人大赛，这个大赛让更多人了解到了团队的作品，团队也从其他人那里学到了许多优秀技术。他们的首次天使投资来自于在学院的李咏梅老师引荐下到学校看项目的海知智能的冯涛先生和谢殿侠院友。经过深入沟通，双方达成了一致的合作意向，冯涛和谢殿侠给他们130万元人民币的天使投资，团队于2015年9月2日成立了自己的公司博雅工道。随后Pre－A轮融资500万元人民币，A轮融资1000万元人民币，A＋融资3000万元人民币。

通过几年的研究积累，团队产品终于面向了市场进行发售，而且博雅工道也一直占据着水下机器人行业的“领头羊”位置，这与熊明磊团队坚持不懈地追求持续性创新是分不开的。因为水下的通讯没有像在岸上的那么自如，Wi-Fi信号衰减非常严重，这成了限制公司发展的瓶颈。团队进行了长达几个月的水声通信技术研究，终于攻破了这个难题。他们运用仿生学设计，模仿海豚与同伴的交流方式，用水声通信进行控制。这项技术的应用打破了行业有缆操作的传统，独创了无缆操作的技术，让许多友商惊叹不已。同时，他们也独创了整体开放局部密封的结构设计，使产品的安全性大大提高。这项设计使外部舱体可以进水，进水后产品就会自动浮到水面，但是内部的主机舱是全部密封的，如若出现故障可以只拆卸部分机舱进行组装。他们还在产品中加入了 GPS 失联返航、红外避障等技术，用户的使用体验更佳。

产品初期，他们利用美国 kickstarter 网站众筹，做了充分的市场调研，得到了许多对产品发展有益的信息。例如，他们得到了基于公司产品的全世界的用户画像，发现美洲 30 ~ 40 岁白人男性与亚洲 20 ~ 30 岁男性对公司产品最感兴趣，我们根据这个用户画像定制了很多销售的策略。经过不断的试错，我们也摸索出来一套具体的全球销售方案。在这个过程中学院给予他们许多帮助，最开始他们不知道产品应该往哪个地方销售，也不知道要通过何种方式销售。学院给他们介绍了很多创业前辈的经验，并为他们举行了许多的创业讲座，以尽力规避风险，实现快速成长。

2016 年年底，是他们公司最艰难的一段时间。随着第一笔投资款项的消耗，无法支持公司进行进一步的研发运营工作，必须进行第二次融资。经过市场化融资实践，团队深深知道市场的艰难和公允，知道效率是决定公司成败的根本。在团队吃了很多闭门羹后，学院和导师开始为他们联系基金，并在校内进一步推广他们的项目。A + 轮融资的时候，北大校友创立的基金“1898 友创”为团队提供了鼎力相助，给他们注入了新的动力，让他们有更好的平台进行产品研发和市场推广，他们的企业在北大创客圈也小有名气。

5.2　创新创业

王绍鑫，北京大学工学院 2010 级本科生，2014 级博士研究生。学院人才甄别和决策体系发现王绍鑫是一个具有钻研能力、具有创新能力的人，也具备一定的创新型创业特征。从 2010 年考入北京大学工学院以来，通过学院完善的培养体系，王绍鑫逐渐成长为一个具有扎实基础的创新型人才。学院在培养的过程中，不仅重视对其进行工程科学的培养，也注重其工程技术能力的锻炼。

本科期间，王绍鑫通过多门数理基础课程来夯实基础，并创造机会参与到工程项目中，了解知识如何向生产力转化，了解实验室里的技术如何为工厂和地方服务。学院还为其领导力发展提供机会和平台。王绍鑫一直在学生会工作，通过组织活动为同学们服务，学会了如何带领一个团队去实现一个共同的目标，王绍鑫的领导力得到了巨大的锻炼；在国际化视野培养方面，王绍鑫在本科期间参加了学院的 Capstone Design（毕业顶点设计）项目，王绍鑫与来自加拿大多伦多大学的同学共同组队完成来自业界的项目，最终在多伦多大学完成答辩。

王绍鑫的研究主要集中在固体废弃物的高附加值利用领域。我国每年产生大量的工业固体废弃物，如粉煤灰、煤矸石以及矿渣等。固体废弃物的大量排放不仅造成严重的空气污染、地下水污染以及土壤污染，还会造成大量的资源和能源浪费。在研究过程中，王绍鑫的主要任务就是分析这些固体废弃物的成分特点，思考如何利用这些有用的成分，变废为宝。在导师和实验室师兄师姐的指导下，进行了利用固体废弃物制备无机耐火保温材料的探索，以努力替代目前市场上的有机保温材料，这些有机保温材料不仅价格高、易燃，且使用寿命短，而无机耐火保温材料在同样的保温性能下，可以实现成本降低、阻燃以及延长使用寿命。

王绍鑫在研究生期间的主要研究方向是利用粉煤灰制备多孔功能陶瓷，在多孔陶瓷表面负载纳米材料制备负载型催化剂，用来处理工业尾气或者汽车尾气。在研究过程中，王绍鑫申报了多项国家专利，部分已经获得授权。王绍鑫的研究整体而言偏向于实践应用研究，在准备博士论文的过程中，王绍鑫不仅看重机理的研究，也看重所制备材料的实际应用前景。

在读书期间，王绍鑫进行了创业实践，学院则从资金、平台等多个维度为其提供帮助。王绍鑫的创业项目是关于空气治理和净化的，在项目启动伊始就得到了学院五万元人民币的资金支持，基本可以自行购买研发器材，支持日常开销，顺利启动项目。除此之外，王绍鑫还申请了入驻北京大学全球大学生创新创业中心进行孵化，双创中心为王绍鑫提供了免费的工位。同时，学院创新中心还推荐和指导王绍鑫等去美国华盛顿参加全球重大挑战峰会，他们在美国国家工程院与来自美国和英国的同龄人一起进行项目展示，使他们在国际舞台上得以历练。另外，学院老师还亲自带队，带他们去上海拜访多位世界级的德稻教育大师，为其产品设计和企业战略提供指导。其中包括张家界大桥设计者 Haim Dotan，国际新媒体艺术之父 Roy Ascott，等等。记得尤为清楚的是，在艾斯林格大师的工作室里，设计专家非常仔细地对他们的设计方案进行评估，并结合艾斯林格的设计理念，给他们诸多宝贵建议。艾斯林格是乔布斯的挚友，他是苹果公司"雪白"设计语言的奠定者，也为多家国际知名品牌进行了战略设计。

在不断的努力中，王绍鑫的项目顺利获得了天使轮融资，并申请了多项国内外专利。2018 年获得"中国大学生十大年度人物"。中国大学生年度人物，是在教育部思想政治工作司、共青团中央学校部、人民日报教科文部指导下，由人民网和大学生杂志联合主办的大学生优秀人物评选活动。

5.3　合伙成长

郭文臣是北京大学工学院 2015 年入学的工程管理硕士，在本案例的调研中，郭文臣发自肺腑地写下这么一段话：《红楼梦》里有一首诗写道"好风凭借力，送我上青云"。如果说我们是刚伸开翅膀学习飞翔的小鸟，那么学校就是风。学生有青云之志，学校有成人之德。有句话说，今天我以学校为荣，明天学校以我为荣。学校和学生其实是一个生态整体，是互为促进的。学校塑造了学生，学生又定义了学校。一个人从学校里受到的影响也许是超越了从父母那里受到的影响的，这种影响将伴随整个人生。很多事情都是在过去后才能看得清，教育也是如此。

不错，郭文臣的感觉恰巧印证了工学院关于教育的理念：学院就是学生成长的合伙人！学生与学院在精神上连为一体，在学生成长的能量供给上是学生出力、学院出资源的股权合作关系。

北大的人文情怀加上高起点建设的工学院，工程与管理交叉的学科定位，使得这个专业具备了独特的优势，这些是吸引郭文臣的重要因素。工学院在试验教育塔福模式的过程中，提出工学人才必须运用科学化、技术化、工程化的方法进行培养，学院对人才甄别、人才决策、教育资源配置、教育实施、人才上市、人力资源配置等方面一直期望具有相当深厚的流程思维。在面试这个首要流程中，我们就在题目中给出了一种前沿技术，要求学生们快速理解该技术，并给出市场化推广的方式和注意事项。事后，学生们才知道，题目中的这些技术和专利都是工学院各个课题组正在从事的最新研究。用郭文成的话来说："非常震撼，原来我们离'黑科技'这么近，原来我们也可以成为它的一部分。"

在教育实施环节，郭文成也能感受到学院对学生进行流程化管理的用心。刚开始，学生们大都是懵懵懂懂的。"我们要学习什么？要怎么学？学了之后会怎样？诸如此类的问题都浮现在每个人的脑海里。"具体到郭文臣自己，就是："我究竟是否能取得自己想要的突破？"院里通过新生入学第一件事——竞选组建班委会来补教育甄别和教育决策两个环节的"课"。首先学院的老师们对同学们的教育背景、工作经验以及面试时所展现出来的个人性格进行了详细的记录和仔细的梳理，每个人的优势在哪里，爱好是什么，性格怎么样，尽力做到熟稔于心。唯有如此，才可能做到因材施教，才能打动人心；接着，学院鼓励大家按照自己的特长和爱好积极报名竞选。郭文臣的个性算是比较拘谨的，不愿意站出来，更绝少有机会展示自己。但由于学院老师对郭文臣的材料做了"功课"，觉得他还适合为班级做工作，同时提升自己的能力，学院鼓励郭文臣勇敢站出来竞选。事后，郭文臣跟其他同学聊起来，他们也有同样的感受，都感叹学院对学生做了特别细腻地了解。郭文臣等同学不无感慨地说，"我真的很惊讶，惊讶于短暂的接触后，老师竟然对我了解如此之多，甚至看到了我自己都未曾注意的另一面。我知道，世界上绝对不会有什么事情是轻而易举的，看似容易的背后都有着大量的或许是不为人知的付出。"

针对专业技术背景的同学比较多的情况，学院在为 MEM 开设课程时，既注重实用，又注意帮助同学们开阔视野。

比如项目管理、供应链管理、质量管理都是实打实的硬课，很多同学下了课就把课堂上学到的知识结合自己工作中遇到的问题做成了案例，并在课堂上做了分享。大家都感到自己学到了有用的知识，能够解决自己现实中遇到的问题。有的学生说，还有什么比这种形式更能激发学生的学习兴趣呢?

诸如能源产业创新专题课、创新创业管理课、机器人工程创新实践课等课程，主要是开拓大家思维和视野的。比如能源产业创新专题课，学院请来了中广核的高层领导作为老师，站在一个很高的层次为大家讲解了能源产业的历史现状和发展。而创新创业管理课程则是请来了知名投资人、设计师等作为老师，为大家讲授了生动的创新创业课程。郭文臣所在班级有 46 个人，分成了几个小组，每个小组都有了自己的创新创业小课题。而机器人工程创新实践课则用实际动手操作的方式，让大家感受到，只要大家作为一个团队去努力，发挥各自的特长，就能够创造出与众不同的产品。

在学院举办的创新设计大赛作品征集中，郭文臣四人小组的项目是 MAE 智能运动管理系统。小组的两名同学平时都在进行健身，有感而发，针对运动中存在的一些痛点，比如容易受伤、对运动数据和健身效果难以量化、健身运动得不到科学指导等，他们决定做一款产品去解决这些难点。学院创新中心不仅为他们提供场地，还为他们提供了诸如 3D 打印机等多种有效的试验设备。郭文臣小组非常投入，为了解决更大的试验问题，有的同学拿出了自己的积蓄，有的同学甚至说找家里借钱。学院在此阶段中，为他们申请了创新中心的项目资助，支持他们不断摸索和试验，终于验证了产品的技术路线是可行的。带着初步的创新成果，他们参加了“北友杯”创新设计大赛，并荣获二等奖。产品的创新设计理念及市场定位和技术深度得到了评委的诸多好评。

赛后，学院负责老师鼓励他们要放开眼界和思维，不要把这个项目仅仅看作是一个参赛作品，而是要考虑它是否能够成为一个优秀的满足市场需要的产品。鼓励他们抓住创新创业难得的历史机遇，利用学院诸多可供利用的资源，大胆尝试！学院在他们埋头改进产品的同时，鼓励他们放大视角，寻找更多的机会。学院激励他们团队参加了 2018 年由保定市科学技术和知识产权局举办的保定市大学生科技创新创业项目评选，不断增加他们打磨产品的机会。

5.4 创业梦想基于教育决策

冯源，浙江大学电气工程学院电气工程及其自动化系2008级本科生，北京大学工学院工业工程与管理系2012级硕士研究生。冯源在北京大学工学院成长的过程中，印象最深的一是教育决策，二是创业梦想。

本科阶段，冯源接触更多的是电机控制方面的知识，兴趣爱好及科研活动更多的是聚焦在机器人方面；在研究生阶段，冯源主要学习的是运筹优化方面的知识，应用在生产排程优化及航班调度优化等领域。可以说，从本科专业到硕士研究生专业的转变对于冯源来说是一次不小的挑战，而冯源正受益于此。

说到冯源与北大工学院的结缘，还得将记忆拉回到7年前。冯源出生在浙江，求学在浙江，所以那个时候一直很想有机会去北方闯闯。刚好就在2011年，冯源获得了保研外推的资格，冯源将机会押在北大工学院。冯源的执着在于觉得自己有工科生的思维，也有文科生的情怀，而北大工学院感觉刚好和他的气质匹配，或许正是这种气质往往也是冯源创新创业的原动力。怀着这样的期待，冯源给其后来的导师侍乐媛教授发了唯一一封邮件。冯源想着就是这个学校这个专业这位导师了，其他的都不选择。自己能做的就是告诉侍教授自己对未来求学、科研的计划，然后等待侍教授的回音。幸运的是侍教授给了冯源一次当面沟通的机会，在苏州一条古街的咖啡馆里，那也是冯源第一次喝美式咖啡，当时感觉是喝了一杯中药，那个味道导致了冯源对当时的沟通记忆深刻。冯源告诉侍教授，他本科学的是电气自动化专业，在机器人实验室待过，但是实验室的物料总是有浪费现象，出生地浙江有很多的制造业，大部分是粗放型作业，浪费污染较多。冯源因此想掌握一种“整理术”，以减少浪费，提高效益。侍教授告诉冯源，自己的研发团队一直致力于精益生产与管理方面的研究并应用于工业制造、物流等领域。这种教育资源的可得性，成为成就冯源梦想的重要决策因素。从此，冯源对优化工业制造、物流等领域的任何问题产生了浓厚的兴趣，侍教授是冯源的启蒙导师。

工学院向来都是问题导向型的育人风格，北大工学院侍教授团队对冯源的启蒙，让冯源在行业的选择上有了判断力，让冯源在行业的认知上有了预见性，冯源很荣幸选择了工业自动化领域进行耕耘。在侍教授团队学习的时候，冯源和他的伙伴们为满足三一重工的某个车间小批量、多品种生产需求而研发了一款 APS 系统。而今，冯源和小伙伴创立的智能移动机器人公司也和三一重工合作，为其工厂内物料转运提供智能移动机器人解决方案。

北大工学院对学生的培养不仅在实验室，学院还通过自身的影响力吸引企业家来做学生的业界导师。冯源有幸在求学期间，获得了德发建设集团有限公司的王如法董事长的指导，那个时候，冯源亲切地称呼王总为如法老师。如法老师生活中亲切，在创业的指导上犀利，不但给冯源讲述了他白手起家的点点滴滴，他在关键的机遇点如何选准机会深耕，他在事业有成时不忘跟随时代步伐进行战略转型，还带冯源去他重庆的上海城进行参观考察，给冯源平台，让冯源构思创业想法，帮助冯源寻求落地之路，给冯源很多通过实战经验推演的建议和意见。这些都为冯源毕业后的创业埋下了伏笔。创业至今，如法老师还经常问冯源创业进展，给冯源建议和意见，让冯源受益匪浅。

现在，冯源是上海仙知机器人科技有限公司的联合创始人之一，公司主要专注于工业级的多功能移动机器人，主要应用于 3C 电子半导体制造业、汽车零部件行业、太阳能光伏制造业、安防巡检、物流仓储等领域进行物料上下料及搬运作业。每一次，当冯源们的移动机器人在工厂里跑起来，看到和工厂原有的生产线对接完毕后展现出来的整体效果，冯源都特别兴奋，觉得特别有成就。冯源的成就在于：也许冯源们生活中常见的某一样物品，它们处在某个生产环节过程时，是冯源们的移动机器人完成作业的。

冯源表示他会继续发扬工学院人才工程化成长的倡导，不断提升自己，在有生之年做一家伟大的公司。

5.5 产业孵化链

赵羚伊是北京大学工学院2011级生物医学成像的博士研究生。赵羚伊最大的感慨就是自己爱好的确定、专业资源的配置和创业梦想的起飞。

赵羚伊本科就读于南京大学物理学院声学专业，本科阶段接触了很多关于声学方面知识，那时赵羚伊就认为课堂上的科学知识一定要与实际应用相结合才能发挥出它最大的价值，因此在选择研究生方向时，她着重关注了声学各个领域的应用方向，可能与爷爷是老中医有关，赵羚伊最终选择了与医疗密切相关的光声成像领域。通过在全国范围的调研比较，赵羚伊决定试一试北京大学工学院生物医学工程系的李长辉教授小组，并有缘被正式录取。

对赵羚伊来说，自己的第二大收获是工学院有效的专业资源的配置效率。研一的课程十分紧张，做科研的时间相对有限，但工学院丰富的选修课程拓宽了赵羚伊的知识面，并启发其在交叉研究方面的兴趣爱好。生物医学本身是跟生物组织打交道的一门学科，而赵羚伊之前的背景是声学专业，两个知识领域之间的差异还是比较大的，选修与生物医学密切相关的课程能够帮助她更好的理解这个学科。转眼间到了研究生二年级，赵羚伊有幸参与北大与协和医学院、迈瑞公司合作的光声临床试验课题小组研究，他们开展了国内首次光声—超声成像的临床试验。参与临床试验对于提升科研能力十分重要，它让赵羚伊充分认识到生物医学工程的研究，一定要与临床需求密切结合，并能够根据临床医生的反馈，做出合理的改进，最终满足临床需求。这次试验课题的合作方之一迈瑞公司是国内著名的医疗器械公司，他们共同对光声—超声双模成像系统进行研发和改进。在这一过程中，赵羚伊了解到实验室研发和企业研发是有较大区别的，实验室研发相对比较独立，几个人就可以共同完成一个课题，而企业研发则要涉及各个研发部门，协作是十分重要的一环。此外，企业研发项目的落地性和实用性也更强一些，研发目的更多的是产品导向，而非单纯的科学研究。在研二的一年里，他们开展了为期两个月的临床试验，并发表了SCI 论文两篇。

赵羚伊还表示，自己在工学院得到了充足的创意训练，并展开了创业梦想的翅膀，体会到了自己潜能发挥的愉悦。赵羚伊在研一刚入学的时候，参加了院研究生会的创业部，并得到学院创客实践教育中心的熏陶和孵化。赵羚伊记得第一次到创客中心就被各种创客设备深深吸引了。创客中心的老师们十分鼓励赵羚伊们亲手将创意实现出来，并在各个方面给予了很多支持，比如创客中心既有 3D 打印机、激光切割机等很多基础的创客设备，又有很多相关的社会资源。赵羚伊感到自己比以前更加喜欢动手，脑子里总是冒出很多新奇想法。赵羚伊团队的“滴答音乐积木”的创意原型就是利用中心的 3D 打印设备打印出来的。

在申请专利方面，中心的老师也特别鼓励，在赵羚伊团队资金很紧张的情况下，主动为赵羚伊团队提供专利申请费用，在后面的创新项目申请中，老师们也十分鼓励赵羚伊团队的项目积极参加申请，赵羚伊团队也从中获得了很多经济上的支持。尽管产品离落地还有一些距离，但是在李咏梅老师的推介下，保定的白总为她提供了最早的“傻瓜投资”，使得“滴答积木”的研发能不断改进。可喜的是，“滴答积木”团队至今已经成立两年之久，并获得了多个奖项，比如第十一届北京发明创新大赛银奖、高智创新奖、京津冀协同创新奖、巾帼发明创新奖、中美青年创客大赛北京赛区二等奖、全国赛区二十四强等。这些奖项既提升了团队的士气，也让团队明晰了不断迭代还需要诸多因素的优化。

赵羚伊的创业故事诠释了创业离不开创意创新的成果，而创意创新则离不开人才的培养，人才的培养效率则有待于找到自己的兴趣点，而且要有充足的资源配置。赵羚伊恰巧可以被看作是“学、研、产”这个新产业孵化链的现实写照。

5.6 “不安分”的创业梦

万立是北京大学工学院 MEM（工程管理）2015 级研究生。在求学北大之前，已经有四年多的工作经历，具有软件的行业背景，获得过 PMP 认证，希望通过北京大学工学院的工程管理硕士专业的学习得到系统化培养，重新定位职业发展。

万立“手握入场券站在了邱德拔体育馆的门口，看着进进出出的学弟学妹们，心中也涌起一片豪情。”不久，万立就从北大的校园文化里，感受到了一股强烈的气息，那就是北大的“常为新”！而工学院“工之道，实为本，新为上”的培育理念，不仅“勾起了他对当下职业发展的一种改变的渴求，稳稳当当一去不返，万立也变得不安分起来。”更使他明确和坚定了今后在工程项目方面创业的志向，成为一个踏踏实实、兢兢业业、不断创新的创业者。

如果说北大给了万立文化上的熏陶，工学院则给了万立专业上的滋养。北大这片土地，估计是中国密度最高的状元集中地，说不定迎面而来的就是某市甚至某省的状元。工学院的工学工程专业齐全，而 MEM 班的学生则也称得上是来自各行各业：房地产、银行、咨询、IT、猎头、汽车及其他制造业等。大家不仅来自五湖四海，而且要融合碰撞。事实上，每个人又都有一定的职业积淀，通过激烈的小组讨论，万立能经常感受到这种因为不同职业经历和问题考虑角度所带来的思维碰撞，这让万立受益良多。

入学北大不久，丰裕的创业资源就让万立步入了创业的历程。第一次在农园聚餐，结识了万立的创业伙伴杨玥。十几年的诺基亚工作和管理经验，让她具有很强的职业素养和专业能力。随着了解的深入，他们沟通愈加频繁，两个月后，万立便决定一起从事汽车后市场的创业项目。这对一直稳稳当当在外企工作的万立来说，是一个很大的挑战。不过如果不是北大的际遇，万立不知要何时迈出这一步，就这样万立的求学之路伴随着创业之路，缓缓铺展开来。

相较于单纯的技术管理，创业明显是一个复杂程度几何倍数增加的问题。万立的创业公司是产品驱动型的，他们一方面需要梳理产品需求，设计业务和系统架构；另一方面需要组建团队，建设团队；最后基于产品和团队，制定研发预算，研发进度计划，等等。计划制定出来，实际却要经受客户需求变化变更的反复冲击。而这些冲击的应对不得不说受益于工学院的课程设置。宋洁老师的运筹学、许晓云老师的供应链管理、王其文老师的企业管理等，都在一些实际情况的十字路口，给万立灵感和方向的指引。

在案例采访中，万立认为最最必须感谢的是工学院的副院长，也是他们的班主任李咏梅老师。李老师得知杨玥与万立在创业，主动联系他们。在燕南园 60 号幽静的小楼里面，李老师殷切希望万立团队学业有成、事业有成！并嘱咐如果在创业过程中需要学校给予帮助尽管提，当时团队成员的激动之情溢于言表。李老师了解到他们从事的是汽车后市场方向，动用自己的资源，帮他们联系到汽车行业的资深人士，多次给他们提供政策、产业方向的指导！学院为 MEM 学生特地启动了“工行天下”项目，为万立团队等多个项目邀请在多个行业的执牛耳的北大校友作为校外导师，在实际公司运作、项目管理、融资等方面为他们亲身指导。同时，李老师推荐他们对接中关村创新基金项目，以期将理论的东西落实到地，运用到实践中去。

万立团队得到北大校友基金会执行合伙人杨岩老师和王军老师的指点。2016 年面向 TMT 的投融资还是比较火热的，杨岩老师和王军老师多次带他们参加路演，让他们切身感受顶尖团队是如何布局发展的，又亲自为他们分析，从投资人的角度上是如何考量和评估项目的。杨玥和万立都在杨岩老师的小组里，他们的创业公司当时也即将面临融资，这些宝贵的经历，对他们来讲，重要性可想而知。后来在融资过程中，他们也多次找王军老师和杨岩老师为他们梳理和分析相关问题，两位老师结合当时的他们所在行业发展情况和投资现状，给出了专业的建议。后来为了谋求商业模式的闭环，将汽车报废与汽车置换、二手车业务整合起来，他们接受了行业内一家企业的并购要约。

通过项目创业，万立积累到难得的经验，体验到折腾的过程和多姿多彩的创业细节。这为万立孵化新项目奠定了基础，退出上一个项目半年后，不安分的万立再次出发，第二次创业的核心人员基本都是北大工学院的师兄师弟们，创业细节因为商业上的原因，在此就不做详细介绍了。希望不久的将来，他们可以站在工学院的讲台上，自豪地介绍万立团队和出色的产品。

5.7 航空创业梦中的孵化力

沈欢，工学院航空航天工程系2009级本科生，现为中国科学院力学研究所高温气体动力学国家重点实验室2013级博士。目前在深圳南科大做一家通用航空创业公司的CEO。沈欢在北大最大的收获就是学习、创新创业路上工学院老师的一路鼓励、扶持和孵化。

沈欢一直对物理有一种莫名的喜爱，尽管报考志愿时也填了光华管理学院，但还是有缘被北京大学工学院录取。记得沈欢谈到他在拿到录取通知书时还有些迷茫：这个“工”是个什么意思？怎么如此笼统？和物理是什么关系？不会是让沈欢去焊电焊之类的吧？沈欢当时也无法想象到北大工学院将以怎样的力量和胸怀去塑造这个懵懂的年轻学子，更未想到工学院在沈欢未来的人生道路上会扮演了如此重要的角色，它将给予沈欢知识、眼界、毅力和诸多机会，更为重要的是，它给予了一个懵懂少年人生梦想和追逐梦想的勇气。

这种塑造首先来自本科求学中所体会到的工学院的使命和目标。2010年，工学院创院院长，中科院院士、现任南方科技大学校长陈十一教授在一次讲座中满怀激情地阐述到：“北大工学院要建设成为世界一流的工学院要培养什么样的学生呢？说得具体点，就是要培养三类人才，第一类，工学院要培养中国最优秀的工程师，未来中国各个工程领域的总工程师，总设计师。第二类人，工学院要培养解决基础性、核心问题的科学家，北大力学系50多年培养了近20位院士，他们是这类人的杰出代表。第三类人，既然是工学院，就是要鼓励你们去做产业，要成为产业领袖。”十一校长短短几句话，告诉了沈欢北大工学人近一个世纪的理想、责任与担当。沈欢也不断梳理自己未来的人生轨迹，“越发地发现这三类人真正切合自己儿时的梦想，而脚下的这片沃土，正能给予这颗小树苗以养分和阳光，为这颗种子苗奠定坚实的基础，让它瞄准未来的人生目标去成长，去奋斗。”

“工学院航空航天系的建立十分不易，北大要做航空的目标很明确，就是要攻坚航空领域的基础性难题；培养学生的目标也很明确，就是 20 年后从北大航空系走出一批中国航空航天领域的总师。”航空系主任李存标教授的这席话自信而深远，彻底把沈欢“忽悠”进了航空航天工程系，成了第二届航空系学子。本科生导师吴晓磊老师对沈欢说：“放心进航空系吧，这里是北大，北大人要做的事情一定会把它做成。”沈欢十分有幸能同工学院，能同航空系一同成长，见证了十一校长从一幢小楼做起，把工学院建成世界一流工学院的创业激情；也见证了航空系在存标老师的带领下的从无到有，见证了它的发展和它广阔的未来。国际著名专家吴介之教授年逾七旬为沈欢们深入浅出地讲述《空气动力学》时的专注，参访沈阳空气动力研究中心、上海航天八院的满载而归，一次次压得喘不过气的作业，让沈欢在航空领域的发展打下了扎实的基础知识。

“给你 500 万，你能做一个创新型的飞机吗?”李存标老师在航空系 2008 届、2009 届学生内部会议上的一次提问，引发了沈欢无数的遐想，让沈欢终生难忘。这些问题一发不可收拾，纠结、难解但又令人神往。2011 年播下的这颗种子从未停歇过它在沈欢脑海中的挣扎，并最终让沈欢在离开工学院，到中科院念博士的第一年选择了相信天空梦想，用自己的躬耕实践去为心中的事业而奋斗。通用航空是泛指人类除军用航空和大型民用航空之外的所有航空行为，包含私人、商务飞行及所有的农林牧副渔作业飞行和旅游、运动飞行。国内的通航产业起步晚、发展弱，尚处于萌芽状态，然而政府扶持力度大，市场需求日益旺盛，正是一片可耕种的沃土。通航产业现阶段虽然弊病繁多，不能做到协同发展，然而其广阔的市场需求及日益精湛的技术创新决定了该产业势必成为国家型新兴战略产业和新一代的地方性支柱产业。它在30年之内，必将深刻改变人类的生活方式甚至是思维模式，引领人类由地面向天空转变，它将让人们生活得更加广阔、更加自由。

然而，一个二十刚出头的学生一穷二白，如何才能在这么广阔却空白的产业当中，用自己的微弱力量去做点有意义的事情？路漫漫其修远兮，产业的广度和高度决定了它的难度，但是沈欢在存标老师“500万”的问题中思考了近3年，得出了一个能说服自己的答案，在产业尚不明晰的情况下，一定要瞄准涌动着的未来市场进行技术创新，以产品打开市场，一旦市场活跃了，会促进政策—市场—技术的良性循环，沈欢决定开始组建一支团队，共同携手，去开创一段通用航空的人生之旅。自2014年初沈欢贴出第一张招人海报组建了银河通用团队以来，一路走来，各种意见、否定、争议如同通用航空产业本身所面临的各种争议一样时刻围绕在沈欢的身旁。

工学院助理院长李咏梅老师是沈欢产业化路上的恩师，用她的智慧、魅力和包容时刻教导着沈欢如何去带领一支团队，如何在产业化的初期整合并扩展资源。最重要的是咏梅老师海纳百川的情怀真正告诉了沈欢北大是一片博大而包容的海洋，要在坚持自我的同时，学会兼容并蓄地吸取思想和功力。咏梅老师常说：“少年强则中国强，北大学生要有自己的担当。”在一次次的挫折、怀疑和彷徨之中，咏梅老师总是坦然而淡定地告诉沈欢和沈欢的团队，“如果真正热爱，就永不放弃！”记得沈欢2014年4月第一次和咏梅老师汇报要做通用航空的想法时，咏梅老师听完说：“这是工学人的追求，时代机遇大好，你必须抓住，这是工学人的责任，我支持你！”一句支持，转眼便是一年，正是在咏梅老师的支持下，沈欢们团队获得了来自辽宁三三工业集团的第一笔资助和500平方米的初期厂房，支持他们进行城市飞行器的探索和尝试。同样，在咏梅老师的支持下，沈欢团队得到了北京协同创新研究院王荄祥院长的认可，并有幸聆听了王院长协同创新的理论，指导着沈欢团队在产业化的道路上创新、协作与发展。北大工学人，从来都是敢于尝试，勇于担当。同样是在2014年4月，沈欢第一次把做通用航空的想法向李存标老师汇报后，存标老师也表示

“通用航空绝对是大产业，我无条件支持你！”在咏梅老师、存标老师和王院长的帮助下，北京市平谷区（北京通航产业基地）为沈欢团队城市飞行器未来产业化提供了坚实的产业保障。

最让沈欢难忘的是 2014 年 5 月，在听完沈欢汇报后，十一校长说，一定要把这个故事分享给更多的工学学子，多年以后沈欢和大家一起来感悟这种博大的工学情怀。当沈欢战战兢兢地把一些极不成熟的想法给十一校长汇报后，他走上台前，讲了一个故事，“我在约翰霍普金斯做系主任的时候，有两个小孩跑来找我，说要做一个汽车，参加全美的汽车比赛，我说这个比赛已经很成熟，很有影响力了，各大高校和汽车公司都参与，你们行不行，俩小孩说，我们就是想试一试，我说要多少钱，他们说 2 万美元，我就给了。结果呢，车做出来了，在去参加比赛的半路上坏了，不但没参加成比赛，反而要想办法拖了回来。第二年，这俩小孩又要造车，又找我了，我给了 1 万美元，车造出来了，勉强参加了比赛。后来我回到北大，多年之后回去，发现他们仍在造车，而且越造越好，他们的车已经进入了全美前十了，这是非常了不起的成绩。”十一校长还说，他 80 年代末第一次到美国，从机场到城市坐的就是通航飞机，那个时候美国的通用航空已经发展起来了，他坚信中国的通航产业会有更加广阔的未来。十一校长最后勉励沈欢的团队，“大胆做，不要怕！要做就要付出 100% 的努力去做！”一年时间转瞬即逝，这个故事深深地印刻在沈欢的心中，也印刻在沈欢团队的追求之中。很难想象十一校长这样的专家学者竟然没有对一个毛头小孩的粗略见解提出任何的质疑与批评，满是鼓励与引导。让他们大胆做，不要怕！是啊，只有大胆做，才能无惧无畏，只有认真做，才能躬耕实践。这是北大工学人的胸怀与视野，一句“大胆做，不要怕”伴随沈欢走过多少个不眠之夜，伴随沈欢攻克多少怀疑与挫折，伴随沈欢憧憬那美妙的天空和那广阔的产业，更伴随沈欢虔诚地叩问脚下土地。

沈欢和团队一向无惧无畏，潜心铸剑，并逐步选择了“城市飞行”作为切入口，瞄准未来城市飞行、私人飞行的广阔市场，设计一款轻便、简洁、经济适用、智能化操作的为城市点对点飞行提供便利的“城市飞行器”，并将用自己的努力将其制造和实验完毕，直至取得适航证，契合上我国低空空域建设的目标年限“2020 年”，将其在国内和国外部分市场产业化。沈欢团队最终的目标是设计更多、更优秀的飞行器，引领未来私人飞行时代的趋势。

在这些争论之中，给予沈欢披荆斩棘勇气并伴沈欢一路向前的，是沈欢的母校，北大工学院！

除以上这七位同学之外，还有仲树栋、陆建洲等 20 多位年轻人的案例可以和大家分享，只是由于时间太紧，无法收录到本著作中，以后将在新工科人才培养的后续研究成果中为大家展现。

后　记

英国作家萧伯纳说过，两个人交换苹果，每一个人只有一个苹果，但若两个人交流思想，结果是每个人拥有两个思想，可见交流的重要性。

教育作为一种业态，其外在环境和内在结构都已发生了惊人的变化，对这种变化的研究需要宝贵的思想碰撞、跨界的思维融合、反复的观点打磨。有幸的是，在研究教育创变的征途中，我遇到了李咏梅、李昶两位思维敏锐、经验丰裕、使命感强的同仁。

李咏梅老师在双创教育如何在高校展开具有独到见解，承担了“双创人才养成塔福模式”的课题研究。该课题作为国家重大课题“教育国际化与国际教育金融”的子课题，对于中国教育的跨越式发展，服务于中国梦意义十分重大。

清华大学的李昶博士，在文化创意产业的研究、实践及政策咨询方面经验丰富。他从文化创意的角度去看股性资金介入学生金融，促进学生成长方面的重要性，并对信息技术如何助力教育发展理念超前、观点颇多，有效地促进了“教育塔福模式”的研究。

我们团队一致认为，国家教育面临三大命题：

一是深化产教融合。“过度”教育，“错位”教育，以及不能满足产业对人才需求的教育，都是需要进行“供给侧改革”的教育。我们团队发现“企业孵化链+企业供应链=产业生命链”，企业孵化链是企业供应链的“供给侧”，只有抓住“学—研—产”这个孵化链，教育才有可能起到对产业生命链的引领作用，确保中国在全球某几类产业发展中的主动地位。

二是提升教育体验。寓教于乐是教育模式的最高境界，然而由于种种原因所导致的“唯分数”“过度考试”“重文凭”，劣化了教育的体验水平。本书的研究希望通过为教育需求方引入教育投资方，在保证成长者资金的同时，为成长者提供专业化的“教育链”服务，促使成长者保持“爱、能、需”的原则，确保其处于“超级心流状态”，大幅度改善教育体验。

三是创变教育脱贫。改变传统的“因贫助教”的浅层模式，代之为“因才助教”的模式，只要学生愿意努力，能保持良好品德，可以与投资人达成一致的收益函数，就会起到既能扶贫，又能挖掘学生潜能，还能共担成长风险的作用。如果推广至对贫困者加以培训，并使其处在全国甚至全球的产业生命链中，就能创新持续地解决贫困问题。

我们团队围绕这三大命题进行思考、调研、讨论、实践，才得出本著作所呈现给大家的一些研究感想，也作为对李咏梅老师所主持的中国新工科人才培养课题的启动式思考。这些感想部分以学术日记的方式发表在公众号“人本金融”上，以期同仁的动态关注和讨论，我们团队将期间的不少宝贵的反馈意见吸收进书稿中，在此对同仁们的鼓励和建议表示衷心的感谢！

特别感谢国家重大课题“教育的国际化与国际教育金融”课题组副组长周早林行长的大力支持，感谢李安锴、张栩晨、郑照宇、李茂宇、刘宇希、潘启臻在本书撰写过程中所做的工作。

特别感谢知识产权出版社的荆编辑，他对教育也有很多精深思考，对著作内容的改善付出了宝贵心血，感谢他的专业服务。

提前感谢将来会在“教育塔福域”落地试验时敢于支持我们团队的智者、仁者，希望中国的教育能形成基于“道德市场”的全球“教域部”！

窦尔翔

2018 年 12 月 28 日